フェミニズムの主張 5

フェミニズムとリベラリズム

江原由美子 編

keiso shobo

はじめに

本書は、一九九二年の『フェミニズムの主張』以来、『性の商品化』『生殖技術とジェンダー』『性・暴力・ネーション』とおよそ一〇年にわたって続けてきた「フェミニズムの主張シリーズ」の最終巻である。本書をもってこのシリーズに一応の区切りをつけたいと思う。

そうしようと思うのは、これまでとりあげてきた問題が、すでに解決したとか合意が得られたと思うからではない。それどころか、本書がとりあげた問題は、一〇年の時間の流れの中で一層重要性や現実性を増し、それにともなって論争も一層、先鋭さを増しているように思える。先端生殖技術の普及はめざましく、「代理出産」その他の生殖技術に対する法規制がどうあるべきかなどに関して、マスメディアもしばしばとりあげるようになった。性暴力という問題の深刻さに対する認識もこの一〇年で大きく変わった。ポルノグラフィや性の商品化の是非という問題を論じる枠組みも変化しつつあり、議論の対立も大きくなってきている。ナショナリズム、エスノセントリズム、レイシズムなどの問題も、教科書問題をめぐるアジア諸国と日本との軋轢の激化などを背景に、重要性を増している。本シリーズの主題の立て方は、時代の変化を的確に把握していた、いや一部においては時代の変化を先取りしていたといっても、自惚れではないのではないかと感じている。

しかしまさにそうであるゆえに、本シリーズに一応の区切りをつけるのは、今が妥当ではないかと思う。このシリーズを刊行した当時は、フェミニズムに対して「一枚岩」的なイメージが抱かれており、フェミニズムに賛同したり関心を持ったりする人々の間においても意見を異にする問題があるということについてはなかなか表に出しにくいような状況があった。しかし私は、ジェンダーに関わる問題には、簡単には解決を見出しにくいような矛盾や対立点が多く存在しており、そうした対立点や問題点を「覆い隠した」ままにするのではなく、表に出してきちんと議論できるような状況を作ることが必要だと感じていた。本シリーズのねらいはそこにあった。先述したように、本シリーズで主題化した問題は、すでに広く議論されるようになってきていている。フェミニズムが「一枚岩」ではなく、多様な立場を含むことも、十分認識されてきた。そうであれば、本シリーズに一応の区切りをつけられるほどには、当初の目的を達成したと言ってよいと思う。

最終巻の本巻では、これまで論じてきたさまざまな問題の核にあると思われる、「フェミニズムとリベラリズムの関係」という問題をとりあげる。一方においてフェミニズムは、市民革命期に成立したリベラリズム思想の継承者であると見なされている。市民革命は、封建的な人格的隷属や伝統的な身分的諸特権を否定し、万人の平等と個人の自由という価値に基く政治体制を確立しようとした。この市民革命を導いた思想こそ、リベラリズムである。この平等と自由という価値観をそのまま適応すれば、当然にも、男女平等や家父長制的家族内での人格的隷属からの女性の解放も、実現すべきであるということになる。しかし「市民革命の結果としては、結局ナポレオン法典などによって性別秩序に基いたリベラル・デモクラシーの体制が作り上げられた。そこで、以来二〇世紀初頭にいたるまでのリベラル・フェミニズムは、現存するリベラル・デモクラシーの体制を、啓蒙のドクトリンに忠実な、あるべきリベラル・デモクラシーの体制に改革していくことを課題とすることになった」（細谷［1997: 43］）。近代フェミニズム思想は、このリベラル・フェミニズムを源流とするのであり、この視点からみれば、フェミニズムはリベラリズムの最も忠実な継承者であるということになるだろう。

けれども他方において、多くのフェミニストが実際に論敵とした最大勢力はリベラリストであった。リベラリズムが根底におく「個人」とは、「経済的に自立」し、政治体制の維持のために自ら武器をとって戦うことができる「個人」、すなわち財産を持つ男性であった。婦人参政権の実現が男性よりも一世紀以上遅れたのは、このようなリベラリズムが暗黙に想定する「個人」という概念がはらむジェンダー・バイアスを一因とする。またこうしたリベラリズムのはらむ思想傾向は、現実のリベラル・デモクラシー体制下における労働者階級の貧困の問題ともあいまって、社会主義勢力の台頭を招いたことは、いうまでもない。この社会主義の影響を受けたフェニズムにおいても、当然リベラリズムは論敵であった。

第二波フェミニズムにおいても、リベラリズムは否定的な評価を受けることがしばしばである。第二波フェミニズムを立ち上げたラディカル・フェミニズムは、「個人的なことは政治的」というスローガンのもと、近代社会においては「個人の自由」という規範によって男女間の権力関係や暴力が放置されてきたことを問題化した。教条的マルクス主義を脱して女性抑圧の「物質的基礎」を家事労働や二重労働に見出したマルクス主義フェミニズムにおいても、それらの「物質的基礎」を「個人的生活」としてしか位置づけえないリベラリズムは、当然にも「解放の理論たりえない」社会理論と評価されることになる。ポストモダン・フェミニズムにおいては、まさにこの啓蒙のドクトリンこそが、近代西欧人間＝男性中心主義を示すものとして、脱構築の対象となっている。

このようなフェミニズムとリベラリズムの矛盾した関係は、どのように解釈したらよいのだろうか。フェミニズムはリベラリズムの忠実な継承者なのか、それとも一貫した抵抗の拠点なのか。この問題は、フェミニズムとは何かを考える上で無視できない論点を提示しているように思われる。

けれども、本書で「フェミニズムとリベラリズム」を主題としてとりあげたのはそれだけが理由なのではない。この主題をこうした社会思想上の問題以上に重要にしているのは、現在フェミニズムやジェンダー領域において生じている論争の多くが、暗黙に、リベラリズムとの関わりにおいて生じているということである。「現在のフェミニズム思想が様々な場面で直面している問題――「差異か平等か」「個人の権利か、集団の権利か」「女性という主体の脱構築か主体の確立か」「個人の権利重視か間人格的な関係性重視か」といった二項対立、さらに、身体性や自己決定権、私的所有権、表現の自由をめぐる議論――は、リベラリズムとの対話（対決）から生じてきたものと考えることができる」（岡野八代［本書：6］）。

本シリーズでとりあげてきた「性の商品化」や「生殖技術」や「性暴力」といった具体的な問題をめぐる議論の対立の多くにも、この「フェミニズムとリベラリズム」との「緊張関係」(岡野[ibid.])がある。本シリーズの最終巻においてこの「フェミニズムとリベラリズム」という主題をとりあげるのは、このような理由からである。本書が、より実りある議論を行うために貢献しうることを願っている。

最後に、本シリーズすべてにわたって、構想・テーマの特定、本の完成に到るまで目配りしていただいた編集者の町田民世子さんに心から感謝の気持ちを表したい。

二〇〇一年九月

江原　由美子

フェミニズムとリベラリズム／目　次

フェミニズムの主張5

目　次

Ⅲ

I

第一章　リベラリズムの困難からフェミニズムへ

岡野　八代

1　はじめに
——リベラル・フェミニズムは存在するのか　*Is liberal feminism oxymoron?*

リベラリズムをフェミニズムの立場から論ずるには、ある種の困惑がつきまとう。たとえば、上野千鶴子が喝破するには、リベラリズムを思想的背景にする「ブルジョア女性解放思想」、つまり「自由主義的な女性解放思想」は、フェミニズム「理論」の系譜には入らない。なぜなら、近代的な人権思想に根拠をもつ「女性の権利」を擁護する「思想」は、近代的な「自由」と「平等」概念に基づく市民革命を経た後、現在に至るまでの長い間、なぜ、女性が男性と同じように「自由」と

「平等」を享受することがないのか――いや、すでに享受しているという解答もあり得るが――、という問いに対して「理論」を提示し得ない。この問いに対して提示し得るのは、せいぜいのところ、市民革命を経た後も未だに封建遺制を払拭し得ていないから、あるいは、男性による裏切りが行われていた（る）から、といった解答である。[1]「自由主義的な女性解放思想」は、普遍的自然権に基づく人権思想がなぜ女性を解放し得なかったのか、という焦眉の問題を近代的な社会構造の解明を通して理論的に究明するどころか、むしろ、近代的人権思想が貫徹されれば、女性も解放されるはずであるといった「啓蒙」を繰り返すに終始してきたのである（上野［1990：12-16］）。

上野自身も指摘するように、形式的な――つまり、男性と同じ――自由と平等を女性も獲得するために、「自由主義的な女性解放」運動が果たした歴史的役割は、大きい。しかし、近代的な市民像が、そもそも女性を男性とは異なる存在として規定することによって構築されてきたのであれば、女性もまた「平等」で「自由」な市民たることを主張することは、女性「として」の解放とは言えないのではないか。現在のリベラリズムの不完全さをあくまで批判しつつ、その思想を貫徹し、あらゆる個人は、「平等」で「自由」な存在であることを主張するにしても、この問いに対する応答にはなり得ない。

じっさい、リベラル・フェミニストたちの影響力が相対的に大きいとされる合衆国においてもまた、リベラリズムはフェミニズムが構想しようとする――家族・市民社会・国家を包括する――社会変革にはほとんど寄与しないという評価を受けている。少々長くなるが、引用したい。

リベラリズムはその長い歴史において、個人主義的な資本制との間に関係を結んできたために、リベラル・フェミニストたちは、資本制に対して直接的な挑戦を企てることに躊躇する嫌いがある。その結果として、資本制を維持している諸制度に対しては、限られた介入という選択しか残らなくなる。そのために、家族――それは、資本制のために効果的に機能する制度の一つであるだけでなく、神聖な「私的領域」に属している――についての詳細な分析が遅れたのも頷けるのである。そして、社会変革に対するリベラル・フェミニストたちの戦略は、現状をひっくり返さないように、という欲望によって、きつく束縛されている。……リベラルたちはつねに、個人の権利は自己の発展／進歩／社会的昇進 advancement のために保護されるのだと、頑として譲らないできたために、リベラル・フェミニストたちは一般的に、女性が男性の市民たちと同様の社会的、法的地位を得ているかぎり、実力社会は性差別的ではない、と主張するであろう。フリーダンの著作から容易に分かるように、リベラル・フェミニズムが中流階級の女性のニーズにのみ焦点をあて、自己の発展に向かう道筋のなかで階級的、人種的差異が重い障害になることをどうしても認められないのは、当然の帰結である（Whelehan [1995 : 38–39]）。

上野の指摘も含め右の引用から、フェミニズムの視点からすると、リベラリズムはもはや論ずるに値しない議論のようにも思われる。筆者自身、リベラリズムの思想には、フェミニズムの思想――上野は「理論」と「思想」を区別するが(2)――とは相容れない「なにか」が存在すると考えている。しかし、そうであればこそ、逆説的ではあるが、フェミニズムはリベラリズムを論じ、いったい「なにが」この両者を相容れない思想としているかを見極めることは意味のあることであろう。しかも、現在、市場はいうまでもなく、法に体現される社会制度もまた、リベラリズムの影響下にあるとすれば、なおさらである。

また、現在のフェミニズム思想が様々な場面で直面している問題――「差異か平等か」、「個人の権利か、集団の権利か」、「女性という主体の脱構築か主体の確立か」、「個人の権利重視か人と人との間の関係性重視か」といった二項対立、さらに、身体性や自己決定権、私的所有権、表現の自由をめぐる議論――は、リベラリズムとの対話(対決)から生じてきたものと考えることができる。なぜ、リベラリズムの「思想」は、フェミニズムの「思想」との間にある種の緊張を生むのか、小論で明らかにしてみたい問いは、この問いである。

2　リベラリズムの「批判力」

さきほどの長い引用の中で言われたことを要約すれば、つぎのようにも言えよう。リベラル・フェミニズムは、リベラリズムの諸原理を継承するがゆえに、その結果として、(1)個人主義的で、

⑵改良主義的である。また、⑶公／私二元論を承認し、⑷公の領域における参加と平等、私的領域での個別性と自由のために、運動してきた（細谷［1997：39］）。そして、このような運動形態の根底にある政治イメージは、「個人的な利害を追求する自由な諸個人が行う権力配分ゲーム」である。さらに、その政治イメージは、「権力の配分ゲームであるから、当然ながら、配分されるべき権力が存在する場所、すなわちパブリックな領域にのみゲームは存在することになる」（ibid.：50）。

配分される財と権力配分ゲームの領域が予め決定され、その枠内で諸個人が利害を追求し合う、といったリベラリズムが想定する政治の特徴は、たとえば、性の商品化についてのつぎのようなリベラリズム批判のなかにも、わたしたちは見てとることができる。

……新しい権利の創出について、自由主義は語ることができない。なぜなら、自由主義は現行の権利体系を前提としてのみ、語ることができるからである。「他者の権利を侵害しない限りにおいて、自由であれ」と自由主義は主張する。そのとき、自由主義は「何が他者の権利であるべきか」について、人々がすでに知っていることを前提としている。しかし、性の商品化やセクハラ議論において問題となっているのは、まさしく**何を権利と考えたらよいのか**ということなのである（永田［1997：89］傍点強調は引用者）。[3]

リベラリズムは、改良主義的であるどころか、現状維持に加担し、現在存在する社会的不平等には、なんら批判的視点を持ち得ない。リベラリズムにしたがえば、すでにひとびとには、平等な権利が認められているのだから、不平等が存在するとすれば、それは、個人の選好、選択、能力の結果であって、個人に帰せられるべき問題であり、政府が介入するような問題ではないからだ(4)。

しかしながら、そうした結論に一足飛びに至る前に、この結論に対してつぎのような素朴な疑問を呈することができるだろう。リベラリズムこそが、「権利」を創出したのではなかったのか、と。たとえ、それが歴史的に振り返れば、ある特定の人びと《メン》に対する権利擁護にすぎなかったとしても、少なくとも身分制度や政治的家父長制を打破し(5)、あらゆる個人は生まれながらにして in *his* own right、自由で平等である、と唱えてきたのは、リベラリズムではなかったのか、と(6)。

さらに、前節ではリベラル・フェミニズムは、現在のリベラリズムに対する批判への応答として、封建遺制か男性の裏切り、といった説明しかできていないことを指摘したが、しかしそのことは、逆に言えば、リベラリズムにはなお、社会的批判力、あるいは、あるべき社会の構想に向けて何らかの光を当てる力が存在することの証左ではないのか(7)。こうした疑問に対して、「結局のところリベラリズムは男性中心的な思想なのだから」、と片づけてしまう前に、ではなぜ、そのような結論が導かれるのか、いったいリベラリズムの何が/どこが問題なのかを探ってみたい。

そのために、この節ではまず、粗雑であることを承知のうえで、現在多様な形で存在するリベラリズムの思想における「批判力」の源泉を抽出することを試みてみよう。わたしたち一人ひとりは、誰しも或る既存の社会制度のなかに身体とともに生まれ、そのなかで或る特定の位置を占め、或る人びとに取り囲まれ、気づいた時にはすでに、彼女たち／かれらとの間で様々な関係性の中に生きている。さらに、その関係性――多様な期待や禁止を含んだ――の中で、「私」が「彼女」と呼ばれる存在であるのか、「かれ」と呼ばれる存在であるのかを体得する。つまり、「各人は、誕生したときにある特定の社会の、ある特定の地位に自分がおかれていることを見いだす。そして、この地位の性質は、そのひとの人生の見通し *life prospects* に実質的な影響を与える」のだ（Rawls [1971: 13/10] 強調は引用者）。わたしたちがどのような生をこれから築こうとするのか、といった構想――これを、各人が抱く生の目的／善／幸福と呼んでよい――は、わたしたちが現実に生きている社会的関係性、あるいは人と人との間に生まれる関係性とは、切り離せない。そして、誰ひとりとして、「文字通りの意味で、自発的に」或る社会に参加しているわけではない（ibid.）。

では、わたしたちは、誰ひとりとして自由ではないのか。もしも、社会が、特定の属性・地位に生まれた人びとの幸福を予め決定して、その決定どおりに生きざるを得ない制度を採用しているとしたら。あるいは、そうした社会を想像するまでもなく、わたしたちは何らかの他律的な要因によって、決定とまでは言わなくとも、一部であれ構成されているし、そこから自由にはなれない。

リベラリズムの出発点は、右のようなわたしたちの生の現実である。そして、思想史を振り返るならば、重い現実によって人びとが人生の見通しを多様に持てない状況におかれていることへの批判として、リベラリズムが誕生したことをわたしたちは知っている。その主張は、一言でいえよう。「それでもなお、わたしたち一人ひとりは自由である〈べき〉だ」、と。

だからこそ、ひとは「自らの行為を規律し、その財産と身体 person とを処置する dispose ことができ、他人の許可も、他人の意志に依存することもいらない」と述べるために、ロックは、自然状態という架空の状態を想定せざるを得なかったのである（Locke［1980(1690)：§4］）[8]。ひとは、道徳的に morally に要請されるある〈べき〉状態においては、本来的に自由で、平等、かつ独立 independent している〈はず〉*must* なのだ。そして、ロックによれば、自然状態に存在する自然法が、「すべての人類に、一切は平等かつ独立であるから、いかなるひとも、他人の生命、健康、自由または、財産を傷つける〈べきでない〉」と告げている（ibid.：§6. 傍点強調は原文）。たしかに、ロックにとって、ある〈べき〉状態における人間のある〈べき〉姿を支えているのは、ひとは神の被造物である、といった信念である。しかし、わたしたちが今確認しておきたいのは、リベラリズムの批判力は、現実の生から自由の価値を導きだすのではなく[9]、まさに現実の生、経験的生とは異なる世界──たとえば、カントであれば叡知界──を想定することで、ひとのある〈べき〉姿を導き出す点にある、ということだ。たとえば、ロックと同じ社会契約論者の一人であるルソーもまた、自然状態を想定するがゆえに、つぎのような社会批判を提示し得た。

> アリストテレスは正しかった。しかし、彼は原因と結果を取り違えていたのだ。ドレイ状態のなかで生まれた人間のすべては、ドレイとなるために生まれたのだ。──だからもし、本性からのドレイがあるとしたならば、それは自然に反してドレイなるものがかつてあったからであ

る。暴力が最初のドレイたちをつくりだし、彼らのいくじなさがそれを永久化したのだ（ルソー[1954(1762):18]）。

わたしたちが不自由を経験しているとすれば、それは、私たちが不自由な存在だから、ではない。そうではなく、〈自由なわたし〉を不自由にするこの経験的世界が存在するからこそ、わたしたちは不自由なのだ。だが、もう一度確認しておこう。これまで手短かにみてきたことが示しているのは、実はわたしたちは経験上、「本当に」自由かどうかを知らない、ということなのだ。ロックであれ、ルソーであれ、かれらが目にしていたのは、自由でないひとびとの状態であって、それに対してかれらは、わたしたちは自由である〈べき〉だと主張していた。

リベラリズムの特徴の一つである個人主義は、経験的な社会からは何も負わない unencumbered、あるいは、経験的社会へと足を踏み入れる以前の a priori ひとのある〈べき〉姿、つまり、道徳的人格を何よりもまず平等に尊重しなければならない、という道徳的要請に起因する。[10] 経験的社会に先立ち、ひとは自由である〈べき〉だ、と主張することを、D・コーネルにならって、わたしたち一人ひとりが道徳的共同体 the moral community に属していることをまずは承認し合う〈べき〉だ、という要請として考えることにしたい。そして、この道徳的要請こそが、社会変革を促すリベラリズムの「批判力」の核心である。道徳的共同体に属している、とはいかなる意味であるのか。それは、コーネルによってつぎのように表現される。

> わたしたちはじっさいには、自分自身が抱く諸価値を自分自身ですべて生み出すことは不可能である。また、慣習的な道徳観に反抗したり批判的に受容したりするどころか、無意識のうちにそれを神聖視したりするなど、どの程度慣習的な道徳観に慣れきっているのかさえ、知り得ない。わたしたちは、自分自身が抱く諸価値に対して本来的な源泉であることは不可能である。だが現実に、それにもかかわらず、政治的には、あたかもわたしたちはそうであるかのように as if we were 承認されるべきなのだ。そして、この抽象的理念としての人格は、規範的には、選択の結節点であり、かつ価値の源泉として承認される。抽象、すなわち、人格を規範的輪郭のみを通じて定義することは、わたしたちが人格性の自由 *freedom of personality* を保持することのできる唯一の道である。もし、ある人格に、国家が押しつける意味づけによって、たとえば、「正常な」セクシュアリティといった「実体」が与えられたならば、そのとき、彼女の自由は否定されるだろう（Cornell［1998：38/80-81］強調は原文）。

3　リベラルな自己と社会の構想

経験的世界においてわたしたちは、さまざまな要因から、不自由であったり、不平等であったりする。しかし、この経験的世界とは異なるある〈べき〉世界、つまり道徳的共同体においては、あらゆる人は、あたかも、自らの善・幸福・人生の見通しを自ら構想し得る存在として、尊重されなければならない。経験的世界からではなく、こうした理念をまず掲げ、道徳的人格としての個人の平等な自由を尊重する〈べき〉だと主張すること、それが社会変革へ向かうリベラリズムの「批判力」の核心であることは、確認した。そして、このリベラリズムの「批判力」は、フェミニズムの主張となんら抵触しない、と筆者は考える。なぜなら、フェミニズムもまた、その核心において、女性は自由な人間存在として平等に扱われることを要請してきたからだ[11]。フェミニズムの主張とは、「先決問題としてas an initial matter、諸人格からなる道徳的共同体に［女性が］含まれる権利を要求する」ことである（ibid.: 20）。

だが、いくら理念としてある〈べき〉道徳的共同体を想定することを、フェミニズムがリベラリズムと同様に主張するにせよ、それはじっさいには、上野が指摘するように、単なる「啓蒙」に終始することではないか。

しかしながら、筆者が考えるに、フェミニズムとリベラリズムのあいだに緊張や乖離が生まれるとすれば、それは、道徳的共同体にはすべての人が属す〈べき〉である、と想定したのち――ここまでは、リベラリズムとフェミニズムが共有しうる主張である――、そこから現実世界のなかでいかなる自己と社会を構想するのか、この点に大きな違いが存在するからである。この節では、フェミニズムが批判の対象とするリベラリズムが、いかに自己と社会を構想してきたかを、前節の冒頭に挙げたリベラル・フェミニズムの四つの特徴に沿って確認してみよう。そして、その後の節で、このリベラルな構想こそが、フェミニズムが現在直面する問題を引き起こしていることを指摘してみたい。

リベラリズムにとって、あらゆる道徳的人格は平等に自由な存在として扱われる〈べき〉である。しかし、すでに確認したように、わたしたちは現実の世界において「じっさいに」自由であるかどうかは、分からない。いや、ほとんどの場合「文字通りの意味においては」自由ではない。よって、リベラリズムの社会変革に向けての「批判力」は、わたしたちが現実に「ある」状況と、ある〈べき〉状態とを対比させることによって、自由である〈べき〉なのに不自由「である」としたら、それは社会制度に問題があるからだ、という主張に存している。

しかしながら、この道徳的人格の想定から自己とその自己が生きる社会を構想する段階において——つまり、それがリベラリズムにとっての政治的主張となるのだが——ある困難／限界が生ずる。なぜだろう。

リベラリズムにおいては、「抽象的理念としての人格は、規範的には、選択の結節点であり、かつ価値の源泉」として、承認される。そして、現実としてはどうであれ、あたかもそうであるかのように扱うことが、政治的に要請される。つまり、リベラリズムによって想定される道徳的人格とは、国家権力、社会制度、法制度を考えるうえで前提とされる「政治的」主体と考えられている。(12)

だが、問題は、つねにすでにわたしたちはある社会のなかである位置を占めており、そうした状況下において、「あなたは政治的主体として自由で平等であり」、形式的な平等を理念として法的に整備されたこの社会は、あなたの「自由な」意志――たとえば、契約の自由――を尊重しています、と宣言するとき生じる。ここに、先ほどまでの議論においては批判的であったはずの主張が、他方では現状維持に加担しかねない、というリベラリズムの限界があるのだ。

リベラリズムは、社会に位置づけられる以前の道徳的人格は、自らにとって何が善きことか合理的に計算でき、選択でき、さらには他の人格とのあいだに契約を結ぶ潜在能力 capacity を持っていると想定する［個人主義］。この前社会的な人格は、じっさいに人びとが、社会においていかなる具体的な embodied 位置を占めているかに左右されない。よって、たとえば、身体的特徴は平等で自由な人格に影響を与えない。そして、この現実性を取り払われた／脱身体化された dis-embodied 人格は、社会に入る以前にすでに或る特定の権利、利害関心、ニーズを持っており、自らの判断にしたがってそれらを追求しうると考えられている。そのために、リベラルな社会は、その個人的活動をなるべく尊重した形で設計されなければならないとされる[13]。

こうして、前社会的な人格の性格から、具体的な社会における諸個人の自由はなによりも、自らの意志に従い行為することを妨げられないといった消極的自由として保証されることになる。だが、この消極的自由は決して放縦と同じではない。というのも、強制的な国家権力は、諸個人の互いの自由が衝突しないよう――一般的には危害原理にしたがい――、とりわけ法秩序を保つことによって、互いの意志がより尊重されるために要請されるからだ。

しかし、その一方で国家権力は、諸個人の自由を侵害しないように、注意深く配置されなければならない。そこで、個人が誰からも邪魔されずにその潜在能力を発揮できる場としての私的領域と、具体的な権利・利害関係・ニーズの個々の主張を人と人との間の関係性のなかで調整し、私的な個人が潜在能力をよりよく発揮するための条件づくりをしていかなければならない公的領域とをはっきりと区別する［公／私二元論］。そして、個人は、私的領域において自らの幸福／善／生の目的を追求すると考えられ、その内容ついては強制的権力を行使する国家は関知せず、諸々の善についてはは中立でなければならなず、もっぱら公的領域における公正さを心がけることが政治の関心となる［公的領域における権力ゲーム］。

また、リベラリズムのラディカルな平等主義を制度のなかにおいても実現するために、リベラルの社会構想においてまず主張されるのは、機会の平等であり、結果の平等ではない。なぜなら、社会に入る以前のすべての個人が同じ潜在能力を持っているとすれば、同じ条件を与えさえすれば、それ以後の結果の相違はなによりも、個人のその後の選択・選好・能力（努力）の結果にすぎないからだ。もちろん、既存の社会制度がそのような平等な条件を整備していない場合には、つねに諸条件の改革が必要となる［改良主義］。

4　反転するリベラリズム

だが、ここで考えてみよう。わたしのこの身体 body はどうなのか、と。(14) ロックやルソーにおいては、自然状態における自然人は、たしかに身体を伴っていた。しかし、前節でみてきたリベラリズムは、そうした「自然の所与」からも自由な、「一糸まとわぬ意志」を出発点として社会を構成しようとしているようなのだ（Murdoch [1961 : 18]）。そして、リベラリズムが想定するように、社会に入るとき初めて個人が具体性を帯びるとするならば、身体は、リベラルな社会が諸個人の意志の自由を尊重するがゆえに、機会の平等を確保するため、政治的介入によって整備すべき社会的条件であるのか、そうでないのか(15)。

たとえば、わたしとあなたが生の構想に関わる一つの同じ目的を持っているとする。そして、二人の手元には同じだけの財があり、また、その構想を実現するための機会は、二人にとって（形式的には）平等に開かれている。だが、わたしは男性であるあなたと異なり、妊娠しており、その後に生まれてくる子ども（たち）を一人で育てなければいけない環境にあるとすればどうか。あなたは、自らの財と機会を利用し、それを自らの善き生 well-being へとつなげる能力にわたしよりも長けている。

あるいは、わたしは或る大学で教育を受けたい。そして、わたしは、その大学に入学できる程度のあなたと同じ学力を持っている。さらに、わたしには、あなたと同じだけの財がある。しかし、わたしが通学するには、車イスが必要だ。リハビリのために、病院にも通わないといけない。通学のためには、大学の施設や道路が車イスのために整備されていないといけないであろうし、東京の混雑する地下鉄を利用するのも困難だ。あなたは、わたしと同じ財でもって、その大学で学ぶことができるであろうが、わたしには、できない。

ここで問われているのは、結果の平等か機会の平等か、ではない。むしろ、リベラルな社会において、すべての人は具体的現実を離れた／脱身体化された dis-embodied 人格として平等な自由を享受している、と政治的に宣言されるかぎり、リベラリズムがその社会構想において直面せざるを得ない問いなのだ。

つまり、一人ひとりが「平等な自由」を享受す〈べき〉である、という主張からリベラリズムが社会を構想するのであれば、じっさいに具体的な個人がおかれている立場の多様性に配慮せざるをえない。たとえ、一人ひとりが「所有する」財や資源が「同じ」であると仮定するにせよ、そのような自由のための手段を自らが抱く善き生へと変換する能力は、個々人の属性や才能・努力のためだけでなく、彼女たちが置かれた立場のために大いに異なる。それだけでなく、つねにすでに置かれた立場によって、どのような善き生を抱くか、といった人生の見通しを抱く自由の程度も大いに影響を受けているのだ。

自由のための手段をもって善き生へと変換する能力や、人生の見通しを広げていく能力こそを、わたしたちの潜在能力と考えてみよう。そうすると、リベラリズムが社会構想のさいに考えるのとは逆に、潜在能力は、各人に平等に備わった能力というにはあまりにほど遠い。

だが、リベラリズムにおいて、「自然における」相違の結果生じた不平等は政治が介入し是正しなければならない社会的不正義とはいえない、といった議論は、これまで繰り返されてきた(16)。「より多くの自然が所与とみなされればみなされるほど、自然が中心的役割を果たすその世代における不平等に対して、社会がとるべき責任は少なくなる」、と（Nagel［1997：305］）。あるいは、わたしたち一人ひとりは平等な自由を享受している、と宣言されたとたんに、「そのようなレトリックが持つ暖かみは、人々の間の多様性を「配慮しない」あるいは「ないものと仮定する」という形で、無視させることになった。このことは、ひとつの変数から他の変数へ（例えば、所得から効用へ、基本財から自由へ、資源から福祉へ）の転換が、非常に容易であることを前提にしている」（セン［1999：38］）。

すなわち、ここにおいて議論は反転する。ある社会において、その社会が作り出した不平等に対しては、それは社会的不平等／不正義であるのだから、リベラルな社会は政治的介入によってその不平等を是正するだろう。しかし、自然——どこまでが自然で、どこまでが社会的産物であるかの議論の余地はあるにせよ——における不平等は、彼女の不運なのだ。そして、リベラリストは言う。いいいや、それでもなお、彼女は、平等な自由を享受している〈はず〉である、と。

すでに、一人ひとりを平等で自由な存在として尊重する社会が存在している、とリベラリストが主張するとき、そうした社会における不平等は、彼女個人の（自由な）選択・選好・能力（努力）の結果か、あるいは、制度とはなんら関係のない、自然的所与の問題へと還元されてしまう。社会は自由である〈はず〉なのに、彼女が不自由「である」のは、彼女個人の問題なのだ。(17)

不平等な世界、という文脈のなかで、平等を掲げた安易な異議申し立てが冷笑の的であったのは、たいして昔のことではない。いったいだれが、富んだ者も貧しき者も、同様の政治的地位を享受していると、あるいは、金銭は市民的権利や政治的権利の行使には無関係であると、まともに主張し得ただろうか。男性が決して家事を手伝おうともせず、女性が「男性的な」仕事に就こうとしようものなら、問題外だと笑い飛ばされていたときに、いったいだれが、女性に同等の選挙権を与えることによって、両性が平等になると考えたであろうか。――平等への要求が、なんらかのより深い意味合いを得ようとするならば、その要求は、社会的、経済的な変革に向けたより大きなプログラムを伴っていなければならないだろう。しかし、今日では、(善きにしろ悪しきにしろ)様々な理由から、不平等な状況のなかでの平等の宣言が、以前に比べずっとパラドクシカルに思えないようになった(Phillips[1999 : 124])。(18)

5　失速するリベラリズム

前節では、リベラリズムの「批判力」の源泉、つまり、道徳的共同体にあらゆるひとが属している〈べき〉だ、という非常にラディカルな主張が、現実の自己と社会を構想する段階において、現状維持に加担してしまう反転の論理を確認した。そして、リベラリズムが現状維持へと反転してしまうのは、「われわれは、年齢、性別、身体的、精神的健康、運動能力、知的能力、気候環境、疫病学的弱さ、社会環境、その他多くの面で相互に異なっている」という生の現実（セン［1999：36］）、つまり、身体に関わる諸々の外的・内的条件をまったく考慮することなく、「一糸まとわぬ自由な意志」に対して、非常に単純な、形式的な機会の平等を確保することによって、平等で自由な主体が存在しうると考えるからなのだ。

じっさいに、リベラリストによって記述される自己や社会——つまり、「この社会はあなたを平等で自由な主体として扱っています」と宣言する社会——は、環境倫理、生命倫理、そして、多文化主義が問いかける問題群のなかで、その「自己矛盾的困難」に直面している。[19] この節では、リベラリズムが、そもそも尊重しようとしてきた個人の善の構想を現実に保証しようとする際に陥る「自己矛盾的困難」の例を、「選択の自由」といった観点から指摘したい。

リベラリズムが国家の中立性を唱えるのは、そもそも、一人ひとりの個人が抱く生の構想はそれぞれに尊重すべき価値である〈べき〉で、しかも、それぞれに通約不可能で、さらに、誰もいかなる構想がより優れているかを判断できない——してはならない——という、信念のためであった。そのために、選択の自由はリベラリズムにとっては重要な価値の一つである。たとえば、ミルによれば、「或る人がともかくも普通の常識と経験とをもっているならば、彼自身の生活を自分で設計する独自のやり方が最善のものであるが、その理由は、その設計が本来最善のものであるからではなくて、それが彼独自のやり方であるからである」（Mill［1972：135／136］強調は引用者）。

しかし、その結果、前節で示した「自然的所与」をめぐるリベラリズムの主張の曖昧さをひとまず不問に付すとしても、明らかに制度上もたらされた社会的不平等に対しても、リベラリズムは「自己矛盾的困難」を引き起こさざるをえない。

たとえば、自己をめぐるリベラルな理解が孕んでいる限界を指摘したことで有名なサンデルは(Sandel［1998］)、同性愛カップルの関係を法律上正当化するリベラルな言説を判例の中からとりあげる。そして、サンデルは、そのリベラルな正当化の根拠が、同性愛者間の関係は異性愛者間の関係と等しい価値があるから、ではないことを批判する。[20] というのも、リベラルな言説においては、同性愛者間の関係は、「選択の結果」としてのみ正当化されるからだ。[21]

そもそも、夫婦にプライヴァシィの権利が認められたのは、かれらが夫婦であることを「選択した」から、といった「選択の自由」を尊重したためではないのだ。プライヴァシィの権利が尊重されるのは、夫婦という親密な関係そのものに「神聖な価値」が宿り、いかなる権力をも排除し得る「高貴な目的」を持つからに他ならなかった。にもかかわらず、同性愛者の権利を擁護するためにもっとも頻繁に引照されるスタンレー事件に対して下された判決とは、家庭内のプライヴァシィに猥褻物を所持する権利を擁護した判決なのだ。

この判決は、「被告人の寝室で発見された猥褻なフィルムが、「高貴な目的」に適うとみなしたのではない。ただ、かれが私的にそれらを見る権利があると認めたにすぎない」(Sandel［1989：536］)。そして、同性愛者の権利がスタンレー事件を判例としながら擁護されることは、同性愛そのものが、卑しいものであるにもかかわらず、それが個人の選択である限りにおいて許される、ということを裁判所によって宣言されることを意味している。

サンデルによれば、この判例は、圧倒的な異性愛文化によって負の烙印を押し続けられてきた者たちにとって、彼女たち／かれらに等しい尊厳を認めるどころか、逆にマジョリティのマイノリティに対する敵意を温存し、さらには、その敵意を再生産していることと変わらない。裁判所がリベラリストの主張する中立性という概念を支持し、同性愛者が抱く生の構想の内容には一切触れないことによって、「同性愛者の親密性は猥褻と等置される。つまり、それが私的な場で起こる限りは、卑劣なものであるにもかかわらず、黙認されなければならない、と。……ここで問題とされている利害は……「性的悦楽」に必ず還元されてしまう（スタンレー事件で唯一問題となっている親密な関係とは、一人の男とかれが所持するポルノグラフィとの間の関係であった）」（[ibid.: 537] 強調は引用者）。

サンデルが指摘するリベラリズムの自己矛盾とは、つぎのことである。リベラリズムは、諸個人の善には介入しない。なぜなら、諸個人にとっての善の構想は誰にも侵害される〈べき〉ではない高邁な構想である〈べき〉であるから。しかし、中立性という要請を重視するあまり、彼女／かれが選択「した」という事実のみに個人の尊厳の根拠を求めてしまう、といった逆説にリベラリズムは陥ってしまう。諸々の多様な善を尊重するがゆえの国家の中立性が、逆に、その善の内容はどうあれ、彼女が選択したのだから——たとえ、その善の構想が多くの人にとっては卑しいものであっても——尊重しよう、と。

その結果、社会的にマイノリティであることを強制されてきた彼女たち／かれらにとって「選択の自由」の尊重は、自己の尊厳の承認へとつながるどころか、抑圧的な状況を維持するだけでなく、そうした状況にいっそうの負荷がかかる事態を招来する危険がある。なぜなら、彼女たち／かれらにとって、彼女たち／かれらが抱く善の内容こそが、自らの尊厳やアイデンティティの一部を構成しているにもかかわらず、その善の内容は不問に付されることになるからだ。さらに悪いことには、その善の内容が、彼女たち／かれらが生きるその社会のなかで意味を持っている significant ということすら——単なる個人的な選好、選択の結果として——否定されることにもつながりかねない。なぜならば、意味とは、他者との関わり／交わりのなかにおいて、初めて生来するものであるからだ。

6 おわりに
——フェミニズムの可能性へ——

わたしたちは、リベラルな理論を言い値で買った。なぜなら、わたしたちは、わたしたちを取り囲んでいる背景を犠牲にしてまでも、ひとびとに自分たちは自由であると思いこむ勇気を与えることを望んだからだ（Murdoch［1961：18］）。

たしかに、リベラリズムの抽象的理念としての人格、という規範的要請によって、わたしたちは、あらゆる人間存在は、その身体的差異や社会的位置づけにもかかわらず、それでもなお平等で自由である〈べき〉だという一点を現在では共有している。しかし、これまでに幾度となく確認したように、抽象的理念を想定するリベラリズムの議論からすれば、じっさいにわたしたちが平等で自由であるかは、不可知なのだ。いや、むしろじっさいには、わたしたちは、平等な自由を享受していない。

　したがって、もし、規範としての平等で自由な人格を社会構想へとつなげようとするならば、資源、財、（形式的な）機会の平等といった自由の手段を考慮に入れるだけでは不十分であり、そうした手段を用いてある目的へと成就させるための自由をいったいどれほど享受しているのか、といった潜在能力の平等をも視野にいれた自由論が必要となろう。

　だがしかし、これまでリベラリズムは、身体をめぐる内的・外的環境によって多大な影響を受ける潜在能力に関してあまりにも無頓着であった。リベラリズムが敏感であろうとする多様性とは、人びとがすでに抱いている善の多様性に限定されている。つまり、その善がいかに構想されてきたのか、といったプロセスは、不問に付され、社会的な位置づけによって抱かれる善が異なることについては、個人の選択や選好といった具合に個人の問題へと還元され、諸々の善の多様性をもたらしている社会性や人と人との間の関係性については、注意が払われない（Frazer and Lacey [1993 : 55-56]）。

小論が解き明かそうとした問い、つまり、リベラリズムとフェミニズムとの緊張の在処は、すでに明らかとなったであろう。第2節において、筆者は、「抽象的理念としての人格」を想定することは、フェミニズムの主張と抵触しない、と述べた。しかし、それに対して、その抽象的な思考方法こそが、男性中心主義なのだといった反論もあり得るだろう（ibid.: 38-39）。じっさいに、精神／身体、理性／情念、文化／自然といった二元論が、この抽象的な思考方法から生まれ、様々な差異を抑圧し、それによって、女性はつねに劣位に縛りつづけられてきたのだ、としてフェミニズムは具体的な現実から多くの思想を構築してきた。だが逆に、既存のリベラリズムは抽象度が足りなかったのだ、として、リベラリズムを批判することも可能である（Cornell［1998: 69］）。そして、小論では、リベラリズムとフェミニズムが相容れない主張を持つ理由を、つぎのように結論づけたい。

リベラリズムは、あくまで抽象的理念として平等で自由な人格を想定しながら、じつは、社会構想へと向かう以前にすでに特定の身体的能力と特徴、社会的位置づけを前提としているからこそ、一人ひとりの潜在能力は等しく、「同じ」扱いをすれば、それが「平等な人格としての」扱いであると信じることができるのだ。しかし、フェミニズムにとっては、リベラリズムが不問に付してきた身体をともなった一人ひとりのわたしたちの異なりが主要な関心である。しかも、この身体はリベラリズムが想定するように、抽象的な「私」が所有する客体としての「モノ」でも「自然」でもないし、また、他者の介入から守られなければならない自他の境界線としてのみあるわけでもない。むしろ、フェミニズムのこれまでの研究が明らかにしてきたことは、身体こそが社会化されている、つまり、わたしの身体は禁止や期待などの様々な社会的コードによってあたかも「自然」であるかのように構成されている、という現実である。だからこそ、身体の外的・内的環境は、リベラリズムのいうような公／私の単純な二元論を越えて、諸個人の「平等な自由」に向けての社会変革のさいに、最も考慮されるべき条件なのだ。身体の外的・内的環境にあまりに無頓着であることによって、リベラリズムに内在していたはずの「批判力」は、社会を構想する段階において容易に現状維持に加担する力へと反転してしまう。

女性がある選択をなした。リベラリストは、その選択を自由な選択で「ある」という。だが、あくまでフェミニストは、つぎのように言うであろう。彼女のその選択は自由な選択である〈べき〉だ、と。わたしたち一人ひとりは自由で「ある」、と思いこむ勇気などわたしたちには必要ない――そんなことは、不可能だ――。むしろ、自由で「ある」ために、だれ一人として代価を求められるべきではないのだと、フェミニズムはわたしたちを勇気づけてくれる。そして、それでもなお、わたしたちは自由である〈べき〉だ、と。

注

（1）同様の議論は、（近代）法の前に立たされる女性が、なぜある種のパラドクスに陥ってしまうか、という問いをめぐっても提示しうる。この点については、近代法の理念、論理を疑わない限り、ここで示した二つの解答しか導き出せないことを批判した（岡野［1999：95-96］）を参照。

（2）ここでは、上野の「理論」と「思想」の区分を踏襲し、現実の権力構造を省察するものを前者とし、後者を規範、つまり、ある〈べき〉社会構想を示すものとしたい。本稿は、「現実の」社会制度における権力構造を省察するものではなく、ある〈べき〉社会構想を示そうとする規範の一つとしてリベラリズムを捉え、その構想と対比ながら、ある〈べき〉社会構想を示そうとするフェミニズムとリベラリズムのあいだに存在する緊張の在処を探ろうとするものである。よって、あえて「思想」を使用した。

（3）たとえば、一九八三年に合衆国ミネアポリス市で承認された「ある種のポルノグラフィは女性の権利侵害である」とする条例が立案された「根本的な理由は、ポルノグラフィは因果関係や経験的証拠の問題ではなく、市民的権利（公民権）に関わる問題であるという考え方に目を向けてもらおうということであった」（メンダス[1997：181] 強調は引用者）。

　リベラリストであるR・ドウォーキンによると、ポルノグラフィの問題を検討するには危害原理、つまり、他人に危害を加えない限りにおいて、あらゆる行為をなすことは許される、といった主張は不適切であり、法律は、あくまで道徳的自律性の「権利」に基礎をおくべきである。そして、法律は、こっそり自分だけでポルノグラフィを楽しむことを「許容」するべきだ、と結論される。というのも、危害原理は、ある行為の結果（目標）に注目するために、効用の比較という功利主義的な要素を含まざるを得ない。そして、もし、隣人がポルノグラフィをこっそり見ていることを想像するだけで不快感をおぼえる共同体が存在する場合、功利主義的立場からすれば、ポルノグラフィを禁止する法律は無制限に擁護されかねない。「目標に基礎をおいて言論の自由の擁護の議論を行うのであれば、そこには共同体や個人の幸福といういきわめて強力な（しかし、偶然的な）拠り所があった。しかし目標に基礎をおいてポルノグラフィの擁護の議論をする場合には、それは使えない」。ドウォーキンの立場からすれば、道徳的自律性の権利は、まさにそうした功利主義的主張に対する「切り札として正当化されればならない」のである（Dworkin［1985：352, 358］）。

だが、ミネアポリス市の条例が示そうとしているのは、まさに、ポルノグラフィを市販することがポルノグラフィに反対している人びとの道徳的自律性の権利を侵害しているのではないか、ということなのだ。つまり、ドウォーキン同様に、この条例も、危害原理に依っているのではない。ドウォーキンはそのような権利はない、と考えているのだろうが、しかし、条例は、女性が或る人びとの個人的快楽の対象として見られている、しかも、世間がそれを許容している、そのことによって女性の抽象的な道徳的自律性の権利——たとえば、そうした世間に属することを強制されることからの自由——が侵害されている、と考えているとも言えるのだ。しかも、ここで主張される権利は、ドウォーキン自身が権利論の核心と考える「平等」という価値から導き出されているのではないか。「政府は、人びとを配慮と尊重をもって扱うだけでなく、平等な配慮と尊重をもって扱わなければならない」、と（Dworkin［1977：272-273］また Schwartzman［1999：30-31］も参照）。

また、以下の本文でリベラリズムの「批判力」を考える際に念頭においているのは、「正」と「善」を区分し、ある行為の結果の善さは考慮しない義務論的リベラリズムであることを予め断っておく。

（4）もちろん、そのように主張するリベラリストも存在するであろうが、現在の多くのリベラリストの主張は、こうした単純な自己責任論を唱えてはいない。

（5）ここでは、ロックの『統治二論』におけるフィルマー批判を念頭においている。

（6）本稿では、自由と平等が相反する理念であるとは考えていない。リベラリズムの基本的主張は、平等な自由を保証する社会制度の構想をめぐるものだとの認識にたっているからだ。この点についてはは、反平等主義者と考えられてきたリバタリアン（自由尊重主義者）にとっても「平等の問題は自由を重視する主張に付随して直ちに生じてくる」とするセンの議論を参照（セン[1999：28]）。
（7） むろん、だからこそ、リベラル・フェミニストはいまだに存在するのであろう。
（8） ロックの所有論における every man has a property in his own person を、「すべての人間は自分自身の身体に対する所有権をもっている」と訳してよいかどうかについては異論があり得る。つまり、ロックの労働所有論における正当化の観点からすれば、自らの手が作り出したのではない身体 body は、自らが所有する「もの」なのか、といった問題が生じるからだ。たとえば、ロックのいう every man has a property in his own person は、わたしたちは身体 body に対する所有権を持っている、ということを意味しないし、そのことを要請しているわけでもない、と主張する J. ウォルドロンの議論を援用し、person とは道徳的人格 moral person であり、person に対する所有権とは、「自らの企図 designs、投企 projects、そして、最も奥深い感情」に対する固有＝所有権と読み替える論者もいる（Dickenson[1997：78]）。
（9） この点について、それでは、自由を功利主義的観点から正当化しようとしたミルの議論はリベラリズムではないのか、という問題が生じる。しかし、注（3）でも述べたように、本稿では、義務論的リベラリズムを中心に議論を進めている。
（10） ここでの「道徳」は、伝統や文化、慣習、ある既存の共同体が歴史的に培ってきた通念とは異なり、いっさいの実質的内容、つまり何が善であり何が悪であるかの判断をあくまで個人にまかせる〈べき〉（あるいは、まかせることのできる）状態を抽象的に想定することを要請する、という意味における「道徳」である。
（11） 注（3）における Dworkin[1977：272-273] からの引用を参照されたい。また、「なぜ近代的価値理念は、女性解放において推進的効果だけでなく、抑圧的効果も及ぼしえたのだろうか」と問いながら、「自由」や「平等」といった理念に対する「シニカルな態度、すなわち所詮価値理念などというものは自己の利害の正当化のためのイデオロギーにすぎないという認識」に孕まれる錯誤を指摘する（江原［1991：esp. 26-35］）も参照。

（12）ここでいう「政治的」主体とは、リベラリズムの公／私二元論に基づく社会制度が効果をもたらす個人といった意味である。公＝政治ではないことを注記しておきたい。

（13）ここからのリベラリズムの一般的理解に関する議論は、（Frazer and Lacey［1993：chap.2］）を主に参考にしている。現在ではリベラリズムの伝統から様々な思想が派生してきていることを念頭におきつつ、なお、リベラリズムの特徴の一つを抽出するために、あえて議論を単純化している。

（14）身体的性差は、自然における相違であり、この相違は、男性間に見られる相違とは異なるため社会制度は身体的性差を前提にして構想されてもよい、とリベラリズムの伝統において長く信じられてきた点については、（水田［1973］）を参照。また、リベラリズムにおける身体の問題は、私的所有権と絡めて多くを論ずべき問題を孕んでいる。しかし、筆者の力量不足のため、本稿ではこれ以上論ずることができない。よって、今後の課題としたい。この点については、（立岩［1997：第二章］）を参照。

（15）こうした身体をめぐる外的・内的環境に対する注意深い議論として、これまでリベラリズムは、「自由の手段」の平等をのみ語り、じつは「自由の程度」の平等はほとんど無視してきたのだ、と批判する（セン［1999］）を参照。

（16）しかし、ロールズ以降、道徳的観点からすれば身体的所与もまた社会的正義を考えるさいに考慮すべき相違である、と主張するリベラリズムも存在することは、注記しておかなければならない。

（17）筆者は、この点にこそ、バトラーによって明らかにされた、社会構築主義の限界が存在すると考える。つまり、ジェンダーは、セックスを素材にしてそこに書き込まれた社会的構築物であるとして、批判の俎上にあがる。しかし、それと同時に、ジェンダーである、と考えられるものの残余が、自然のセックスである、としてつねに遂行的に構築されているのだ。そして、ジェンダーなのかセックスなのかは、じつのところ決定不可能であるにもかかわらず、この事後的に構成されたセックスによって、今度はジェンダーが正当化される、といった事態にわたしたちは直面しているといえよう。「抑圧的で支配的な法が自己を正当化しようとするとき、法の出現のまえに関する物語――つまりその法が必要不可欠な現在の形態をとって、いかに現れてきたのかという物語――に、その土台を置こうとする」(Butler[1990：36/78])。

(18) こうしたリベラリズムの限界をいち早く批判したのが、マルクスであることは言うまでもないであろう。「政治的解放の限界は、ただちに次のことに現れてくる。すなわち、人間がある障壁から実際に自由になっていなくても、国家はその障壁から自由になりうるということ、人間が自由な人間になっていなくても、国家は自由国家でありうるということである」(マルクス[1974(1844)：20])。

(19) この点については、(吉崎[1998])、(大澤[1996])を参照。

(20) リベラリズムにおけるアトミズムを批判し続けるテイラーもまた、同性愛者を巡るイシューを取り上げ、リベラルな言説をめぐってサンデルが指摘するのと同じ問題を指摘している(Taylor[1991])。

テイラーの言葉によれば、リベラリズムはまさに自らが守ろうとした価値の「自己破壊」を招いている。なぜなら、リベラリズムは、わたしにとって意味あることを選択する根拠を、選択者の主観にのみ引きつけてしまうからだ。ものの価値は、そのものの「価値」が社会的文脈のなかで生まれるのではなく、たんにわたしが「そう思う」から、わたしがそれを価値あるものと「選択する」から価値があるのだ、と。そのことによって、そのものの「価値」がそこから生まれてくるはずの背後の秩序、社会的文脈、他者との関係性――テイラーの言葉にしたがえば、価値がよってたつ地平 horizon――が否定され、結局、選択されるものは意味を持たなくなってしまう。つまり、価値に対して主観主義的であることは、選択されるものがどのような価値を持つものであれ、「選択された」という事実に価値を見出そうとするために、「選択されるもの」の価値を否定してしまうのだ。そして、選択されたもののある社会における価値が否定されるならば、それを選択したことと密接に関わるわたしのアイデンティティさえも、その社会においては意味のないものとなるであろう。

(21)　もしも、彼女たち／かれらにとって、そうした関係が「善きことである」から、あるいは、「幸福をもたらすから」などの効用における正当化をするならば、それによって、リベラリズムのそもそもの主張が掘り崩されてしまう点に注意したい。

第二章　集団的抑圧と個人

塩川　伸明

1　問題の所在

ある集団が他の集団を支配したり抑圧している（していた）——ないし、少なくともそのように受けとめられる——という例は、数多い。男性と女性とか、日本人と朝鮮・韓国人、中国人とか、ソ連と東ヨーロッパ諸国とか、ロシア人と旧ソ連の諸民族とか、粗っぽい論争的概念だが「権力者」と「民衆」とか、資本家階級と労働者階級など、その他枚挙にいとまがない。この構図は、社会科学的洗練の不足というそしりを恐れずに敢えて乱暴にいえば、政治的支配・経済的搾取・民族差別・性差別という、諸種の社会問題のほとんどすべてに共通し、それらの底にあるといえる。もちろん、これらの問題は、それぞれに個性的なものであり、十把一からげに論じられるべきものではない。具体的な分析に際しては、それらの間にある差異・多様性を念頭において、一つ一つを丁寧に解明していく必要があるのは当然である。にもかかわらず、それらを論じる際の姿勢のようなものに関しては、そうした多様性を超えたある種の共通性があるのではないかということについて考えてみたいというのが、この小文の趣旨である。

この種の問題に対する最も素直な反応は、抑圧者集団を批判あるいは糾弾し、被抑圧者集団に同情するという態度である。もっとも、現実問題としてどこまでその態度を貫けるかとなると、いろいろの困難にぶつかり、そのため不徹底な態度をとったり、あるいは無視するとか、居直るという人も多い。しかし、そうした具体的困難性はともかく、建前としていう限り、先のように考えるのが極く常識的である。そして、そのこと自体は基本的に正当であり、決して間違っているわけではない。

その出発点を踏まえた上で、そうした対応の単純な図式化・キャッチフレーズ化には種々の問題があるということもまた、しばしば指摘されている。詳しくは後に改めて検討するとして、とりあえずいくつかの問題を列挙するなら、次のような点が挙げられる。「抑圧や差別は悪い」というのは直観的に自明なことだが、そうした自明な認識ばかりを繰り返すことは、往々にして知的安易さに流れがちである。誰もが正面切っては否定しにくい「正論」、「錦の御旗」をふりかざすことは、立ち入って考えるべき微妙で難しい問題を過度に単純化し、しかも論者を絶対的正義の立場におくことで、自己反省を失わせやすい。下手をすると、それは「被抑圧者」だったはずの人を新たな別種の「抑圧者」にしてしまい、しかもそのことを隠蔽する効果をもつ。また、マスコミなどでこの種の問題が取りあげられるときは、問題を真剣に考えるからではなく、むしろ「下手なことをいって糾弾されるとまずいから、ともかく無難な対応をとっておこう」という事なかれ主義的発想から、表面的な「差別用語」回避（いわゆる「言葉狩り」）などでお茶が濁されたりする。「差別」克服を目指したはずの方策がいわゆる「逆差別」を生み出す可能性もしばしば問題となっている、その他その他である。(1)

もちろん、このような問題の指摘は、だから抑圧者集団の方に肩入れしてよいとか、抑圧の事実から目を背けてよいということを意味するわけではない。抑圧＝被抑圧関係は厭わしいものだという素朴な直観的把握を見失わないようにしながら、それがいま述べたような安易な図式主義や事なかれ主義や逆差別などに導かないようにするためには、どのように考えたらよいのだろうかというのが、ここでの問題意識である。

私がこのような問題を考えるようになったのは、様々な契機によっている。私自身の本来の研究テーマはソ連の歴史だが、そこにおいて「スターリニスト政権」のもとで抑圧された人々に同情するのは当然としても、単純に「スターリニスト政権」を悪として非難しさえすれば事足りるのかという疑問を、私はかねてより懐いていた。社会主義圏崩壊以前のソ連＝東欧関係については、《ソ連＝支配者、東欧＝被支配者》という図式がジャーナリストなどによってよく描かれてきたが、それがごく大まかには妥当だとしても、それだけを一本調子に振り回すことには違和感があった。ソ連内の諸民族関係についていえば、「ロシア人による非ロシア人への支配・抑圧が行なわれてきた」という見方は巨視的妥当性をもっているが、だからといって、ただロシア人を糾弾し、非ロシア人に同情するといったステレオタイプ的な議論を続けることには同調しきれない。あるいはまた、そうした私の専門研究から離れて、個人的に関心をもっているフェミニズムの問題に関しても、フェミニストの議論に多くの点で共感しつつも、微妙な違和感をもいだくことがある、等々である。

いま述べたような私の姿勢は、どれも明快に割り切れたものでないために、なかなか理解されにくく、自分自身でも居心地の悪い思いをすることがしばしばある。実際、私の議論はよく誤解されて、「お前はスターリニズムを擁護するのか」とか、「少数民族の立場に理解を示さず、支配者たるロシア人の弁護論になっている」とか、「女性に対して男性の立場に居直っている」ととられがちである。そこで、そういった問題の底にある原理的な問題について少し考えてみたいというのがこの小文の執筆動機である。

2 「被抑圧者集団」をどうカテゴリー化するか

前節で述べたように、「被抑圧者」「少数派」「弱者」が同情すべき立場にあるということは一般的にいえば自明のようなことだが、にもかかわらず、ここになかなか厄介な問題がからむ大きな理由は、「被抑圧者とは何か」ということをカテゴリーとしてそう簡単には確定できないという点にある。早い話、「被抑圧者」自身が抑圧者になるというケースは決して稀ではない。ここで最大の問題は、個々の点での多様な違いを含む集団を「少数派」「弱者」としてカテゴリー化する――あるいは、その対極としての「多数派」「強者」についても同様――とはどういうことなのかという点である。やや迂遠で抽象的になるが、原理的な問題から考えてみたい。(2)

「集団的抑圧」ということを考えるときには、何らかの集団を集団としてカテゴライズすることが不可欠である。たとえば、ある女性がある会社で差別されたことと、別の女性がある官庁で差別されたこと、そして更にもう一人の女性が私生活で差別されたことを、それぞれ別々のこととして捉える限りは、「女性差別」という捉え方は出てこない。この、それ自体としては別々である現象を、「彼女らは、女性であるが故に差別されたのであり、そこには一貫した性差別の論理が背後にある」と捉えてはじめて、それまで不可視だったジェンダー支配構造が浮かび上がる。ここまではよく指摘されることだが、更に考えてみると、そのような集団としてのカテゴリー化は、決して一義的に予め与えられているものではなく、様々な形でなされうるものだという問題にぶつかる。

人間をある集団に区切るカテゴリーというものは、一見自明にみえることも多いが、実はそれ自体が論争と解釈の対象になりうるものであり、決して自明ではない。「民族」とか「言語」というカテゴリーをどのように区切るかという例についていうなら、近い間柄にある二つの言語を「同一言語の中の方言」とみなすか、「親近関係ではあるが独立の言語」とみなすか、またそれと関係して、親近関係のエスニック・グループをどのようにまとめて「一つの民族」と扱うかなどは本来的に多義的であり、絶対的な線引きはあり得ない。セルビア語／セルビア人とクロアチア語／クロアチア人の関係（ここに「ムスリム人」を加えると、構図は一層複雑になる）とか、モルドヴァ語／モルドヴァ人とルーマニア語／ルーマニア人の関係などは、極めて微妙であると同時に激しい政治争点ともなっている好例である。これに比べ、性差などは、特にジェンダーと区別されるセックスを取りあげる場合には、生物学的に確定されるかに思われがちだが、それでも流動的な場合がある。そうだとすると、どのような線を引いてどのような単位を取り出すかは、決して一義的でなく、そしてその線の引き方によって集団的対抗の構図が異なってくることになる。

もう一つの問題として、個人は集団の中で育ち、その集合心性・文化を身につけるものだとはいえ、同一集団内の諸個人の間に何の差もないということはあり得ない。どういう集団の中にも、その文化の習得の仕方において多様な個人がいるし、またそのことを契機として、文化の変容が起きたりする。従って、ある集団内の個人を一色に塗りつぶすことはできない。

ある人がある集団に属しているが故に特定の性質（「本質」）を共有するに違いないとする考え方は、「本質主義」と呼ばれる。そのような本質主義が往々にして単なる偏見だったり、虚構だったりするということを、文化人類学その他の学問は暴いてきた。だが、問題を更に複雑にするのは、社会の中で主流的位置を占める人たちの側からする本質主義――たとえば、男性が「女性とはこういうものだ」と決めつける――だけでなく、それに対抗して、非主流派や少数派が独自の集団的ア

イデンティティーを主張しようとすることもまた、「本質主義」という点では論理的に同型だという事情である。(3)

女性だから、あるいは特定民族に属するから必ずこれこれの性質をもっている——あるいは欠いている——に相違ないと決めつけるのは、もちろん偏見である。こうした偏見に対する一つの抗議の仕方として、各人ごとの個性の差を強調する議論——たとえば、「女性としてではなく、個人として（あるいは人間として）見てほしい」——がある。これはこれとして当然成り立つ議論だが、このような個性一点張りの主張では、既成の秩序に対抗する団結を生み出すことはできにくい。そこで、これまで貶められていた集団が、これまで気づかれていなかった優れた特質をもっており、それを誇るべきものとして奪回することに団結の根拠があるといった発想——典型例としていえば、「ブラック・イズ・ビューティフル」など——が採られることがある。これは、従来気づかれなかったある側面に目を向けさせるという意味で啓発的な議論である。ただ、それは、発想の型としては、「本質主義」の一種であり、下手をすると差別的観念の裏返しになりかねないという問題性をもつ。(4)おそらく、フェミニズムの間の性差最大化論と最小化論の論争（青木［1986］上野［1986］など参照）も、この問題と関係しているだろう。

3　集団的対応とその問題点

これまでは主として認識面について考えてきたが、抑圧を克服していくための対応策についても、それを集団のレヴェルで考えるべきか（被抑圧者集団への特別な権利付与など）、それとも個人のレヴェルで考えるべきかという問題がある。典型的には、これはアファーマティヴ・アクション（積極的格差是正措置）の評価という問題になる。(5)

前節で述べた集団区分の非一義性は、「少数者に特別な権利を付与すべきだ」という場合に、その「少数者」としてどのような単位を取り上げるべきかがこれまた一義的には確定できないということを意味する。誰が差別者で被差別者かは、境界線を定めがたかったり、少数派の中での更なる少数派という問題もあり、確定が難しいが、実際問題として何らかの集団に特恵的措置を付与しようとするなら、どこかで便宜的に線を引くしかない。仮に中心 - 第一周辺 - 第二周辺 - 第三周辺……という無限の連鎖があるとき、そのすべてを考慮することは事実上不可能だからということで、たとえば第三周辺のところで線を引くなら、第四周辺以下は切り捨てられることになる。一般にカテゴリー化は常に解釈をめぐる異論の余地にさらされているから、そうしたカテゴリー化に基づく格差是正策もまた、論争的なものとならざるを得ない（この点について塩川［1999a : 242-5］参照）。

たとえば黒人や女性の中にも恵まれた人もいるし、白人や男性の中にも劣悪な状況におかれた人もいる。それでも、これまで差別されてきた人たちを集団として優遇しようとするなら、どうしてもある基準でカテゴリー化するしかなく、そこからのズレの発生はある程度まで容認しないわけにはいかない。差別是正のためにはそれもやむを得ないという考え方もあるが、劣悪な状況にある白人や男性の間にルサンチマンが蓄積されやすいということも忘れるわけにはいかない。この問題が深刻なのは、「弱者保護」の政策は往々にして、他の弱者へのしわ寄せになるからである。たとえばアメリカで黒人優遇の政策をとったとき、エリート的な白人はそれに直接影響されることがないので余裕をもって対応することができるが、非エリート的白人こそ最も影響を受け、それに反感を懐きやすい。同様に、旧ソ連で非ロシア人を相対的に優遇する政策をとるなら、ロシア人の中の権力エリートは影響を受けずに済むが、非エリート的なロシア人は影響され、これに反撥するということになる（ロシア・ナショナリズムの発生基盤はここにある）。いわゆる逆差別の問題もこれに関係する。「逆差別」論およびそれに基づくバックラッシュ（巻き返し）がどこまで正当かはもちろん論争的だが、ともかく、それが深刻な問題だということ自体は否定しがたい。

第二に、アファーマティヴ・アクションは、「黒人や女性を優遇するのは彼らに対等の実力が備わっていないからだ」という考え方を広め、かえって差別意識を温存することになりかねない。日本でも、最近では徐々に、女性の社会進出奨励策が採られる機会が増大しているが、その際、暗黙に、「実力では劣っていて、そのままの競争では勝てないから、特に優遇してやろう」という発想が忍び込んでいることもあるように思われる。これは差別克服という観点からはむしろマイナスに働きかねない。

そして第三に、より基本的な問題として、人種や性別による分類は、優遇関係にかかわらず——つまり、差別的方向であれ、それに反対する方向であれ——そうした分類をすること自体が、そのような分類にこだわり、殊更な意味を付与することになって、差別意識を強める傾向をもつという問題もある。かつてのソ連では、民族間格差克服のために各人の民族帰属に応じて異なる処遇をすることがしばしば行なわれたが、そのためには、すべての人を何らかの「民族」カテゴリーに当てはめることが必要であり、それが各種の公的書類によって繰り返し確認された（典型的には国内旅券における「民族」欄の記載）(6)。このような分類の固定化は、それ自体としては「差別」的観念に発するものではなく、むしろ本来は「差別克服」のための措置として始まった制度であっても、結果的に「民族」意識を肥大させ、それが「差異」「差別」観念の基盤になるという関係があるのである。

アファーマティヴ・アクションのこうした問題性を念頭におき、リベラルな論者は、一時的・暫定的措置という意義づけの限りで正当化できると考えることが多いようである（Kymlicka［1995＝1998：211］井上［1999：89］など参照）。集団単位でのアファーマティヴ・アクションは恒久的措置としては問題があるが、これまでの歴史的差別の解消のためにはやむを得ないという考えである。これはそれなりに説得性をもつ考えだが、その場合、どの段階でその暫定措置を解除すべきかをめぐる論争が不可避となる。ある時期以降のアメリカでは、「アファーマティヴ・アクションの行き過ぎ」が問題にされているようだが、「まだ足りないのに、行き過ぎとは何事か」という反撥もあるだろう。日本では、そもそもまだアファーマティヴ・アクションがそれほどとられていないが、その一方でアメリカにおける「行き過ぎ」が伝えられるために、「行き過ぎ」警戒論も提出されているという複雑な状況がある。

いま述べてきたこととの関連で、(旧)社会主義国における民族問題の特殊な――いわば「ねじれた」――性格について、補足的に触れておきたい。社会主義崩壊を目の当たりにする中で、その安易な批判として、社会主義政権は各種差別を単純に放置した――あるいは、もっと甚だしい場合には増幅した――とする議論がジャーナリズムなどに氾濫しており、知的世界にもかなりの影響力を及ぼしている。しかし、こうした見方は事実に十分即していない。確かに、個別的にはそのようにいえる場合もなくはないが、問題の最も深刻な側面は、もっと違った点にある。

社会主義政権下では、多くの場合、ある種のアファーマティヴ・アクション的な政策がとられてきており、現状はむしろそれへのバックラッシュとして生じていることが多い。今日、ロシア・ナショナリズムやセルビア・ナショナリズムが噴出しているのは、社会主義時代にそれらの民族の主導性をあからさまに主張することが抑えられていたことへのルサンチマンから生じている。アブハジア優遇に対するグルジアの反撥とか、コソヴォ優遇に対するセルビアの反撥も同様である。つまり、それまで存在してきた格差を是正するための方策を国家主導で採ったことが、それへの反撥として、新しい対抗関係を生み出したのである。このことも、差別克服を目指すはずの方策が、むしろ逆の結果になりかねないという、深刻な問題を提起している(塩川［1999a：239-245, 358-360］また

［1999b］［1999c］［1999d］など参照)。

以上では、集団的抑圧への制度的対応のことを主として考えてきたが、次に、当の被抑圧者集団が団結して地位向上のために闘うときにどういう問題がはらまれるのかという点について考えてみたい。被抑圧者が団結して闘うということ自体は当然のことであり、それをそのものとして否定することはできないが、他面、そこに微妙な問題が潜むという事実にも目をふさぐわけにはいかない。

これまで述べてきたとおり、少数派集団が一枚岩でないということは、その中に、更なる少数派が存在するということを意味する。だが、ある集団が、その地位向上のための闘争において、その集団としての団結を強調するなら、そのことは、内部――あるいは、「内部」ではないにもかかわらず、「内部」扱いされるもの――の異論封殺をもたらしやすい。こうして、ある被抑圧者集団による更なる抑圧移譲という問題が生じる。「ロシア帝国主義との闘争」を強調するグルジア民族主義者がアブハジア人や南オセチアのオセチア人に対しては「ミニ帝国主義」として立ち現われるといったようなケース（塩川［1999a : 359-360］参照）は、決して例外的現象ではない。

それにまた、集団としての闘争を推進する人々は、特定集団を感情的に美化し、有無をいわさぬ非合理的感情（情念）に訴えて、ロマン主義的に人々を動員するという戦術を採りやすい。ナショナリズムはその典型だが、他の集団についても、それぞれの集団ごとの「擬似ナショナリズム」がありうる。これは成員の情念に訴えることで強い動員力を発揮するという強みだが、しばしば紛争を非妥協的・硬直的なものにし、また集団内での異質性を抑圧して、危険な役割を果たす。かつては、そうした情念的ナショナリズムをあおる中心的な主体は「国民国家」だったが、最近では、むしろそれに対抗する被抑圧者集団が、自らの集団的権利の獲得のためにそうした手法――「民族(小集団)の神話」の利用――に訴える例がしばしばみられるように思われる。

こうした問題に関して、いくつかの対応策が提出されている。たとえば、弱小民族のナショナリズムと強大民族のナショナリズムを区別し、前者は正当だが後者は不当だとする考えがよく提起される。日本の「進歩的知識人」の多くも、「先進国」のナショナリズムに対しては批判的で、「国民国家を超えて」と論じる一方、いままさに解放を目指して闘っている少数民族の運動に対しては同情的で、その場合にはナショナリズムを肯定的にとらえる傾向がある。これは了解可能な考えだが、そのような区分がいつもうまくいくとは限らない。むしろ、両者はしばしば連続的である。あるいはまた、「少数派」とされる集団およびその要求の中にいくつかの類型を分けることで、対応をよりきめ細かく論じようとする試みもある。これは重要な問題提起であるが、こうした区別もいつもうまくいくとは限らず、これですべての問題が解決するわけではない(8)。

更にはまた、「被抑圧者への同情を中間的なところにとどめるからいけないのだ。そうではなく、最も抑圧された者(先に挙げた例ではアブハジア人)の立場に立てばよいのではないか」という考え方もある。これもそれなりに興味深い議論ではあるが、やはりいくつかの難点がある。第一に、ある被抑圧者(たとえばグルジア人)によって更に抑圧されている集団(たとえばアブハジア人)は、「最も虐げられた集団として、最もラディカルな現状批判の立場に立つ」といえるかといえば、そうとは限らない。むしろ実際には、往々にして、「敵の敵は味方」の論理により、直接的な敵への対抗上、より大きな支配者（たとえばロシア人）に庇護を仰いだり、同盟関係に入ったりすることがある。そうなると、「最も抑圧されているもの」だったはずの集団が、大きな抑圧者の「共謀者」とさえみなされることになる（塩川［1999a : 383-4］参照）。

第二に、ある少数派集団を一枚岩的に描き出し、その内部矛盾を軽視する言説を振りまくのがその集団の「ボス」「権力者」だけである場合には、話はまだしも簡単であり、そうした「ボス」「権力者」を批判すればよいが、実際には、その集団の中の平凡な構成員自身がそうした幻想を懐いているということも少なくない。確かに、「ボス」がそうした幻想を利用することもよくあるが、そうした戦術が成功をおさめるのは、一般構成員の中にそれが受容される基盤があればこそである。ある集団の「ボス」を批判するのは容易なことだが、一般構成員のもつ幻想については、そう簡単にはいかない。そうした幻想への批判は、抑圧されている諸個人のもつ切ない夢――たとえ幻想だとしても――を否定するという意味をもたざるを得ないからである。

そして第三に、少数派の中にも更なる少数派がおり、被抑圧者の下に更に被抑圧者がいるということを、次から次へと細分化して考えていくと、タマネギの皮をむくようなことになり、最終的には個人にまで分解されることになる。個人が最終単位だというのは、論理的には整合性のある立場である。だが、この場合、先にも触れたが、団結を生み出すことは不可能になり、集団としての抗議行動もできなくなる。たとえば、女性が「女性だから」ということである枠に押し込められることへの批判は、「女性としてよりも一個人として生きたい」という形をとることもできるが、この考えを論理的に徹底していくと、女性といっても千差万別であり、女性としての共通性のようなものは問題にすべきでないということになり、女性を「一つの集団」としてみることができなくなる。(9) それは究極的には、フェミニズムというもの自体を解体させることにつながるかもしれない。

以上、主として「被抑圧者集団」の側に焦点を当てて考えてきたが、「抑圧者集団」の側についてみたとき、「集団の悪に対して、その集団に属する個人はどこまで責任を負うか」という問題もある。これは、戦争責任と戦後責任などに関連して典型的に論じられている問題だが（この論点に関しては、大沼［1987］村上［1997］瀧川［1999］など参照）、必要な変更を施した上で、民族差別についても、あるいは男性優位文化と女性差別に対して個々の男性はどこまで責任を負うかという形でも、問題になりうる。この点についてここではこれ以上立ち入らないが、後段（第5・6節）の議論はこれと関わりがあることだけを断わっておきたい。

ともかく、以上のように考えると、集団単位での思考はしばしば危険だということになりそうである。それと関係して、「抑圧者集団」「被抑圧者集団」という言い方もしばしばミスリーディングであり、こういう言い方をすること自体が、集団間の関係についても集団と個人の関係についても、本来微妙で流動的な関係を固定観念で割り切ってしまうことになりやすい。こうして、集団の不確定性や、集団の中における個人の異質性を考えるなら、個人に最終的基準をおく方が正当なようにみえる。(10) しかし、本当にそれだけでよいのか――そうした疑問がどうしても残る。私はこの小文で何度も「抑圧者集団」「被抑圧者集団」という言葉を使っているが、この言葉を記すたびに、それが安易なレッテル貼りと化すのではないかとか、図式主義的な把握を助長するのではないかといった懸念を感じ、あまりむやみやたらに振り回すべきでない言葉を使ってしまうことへの居心地の悪さを感じる。だが、にもかかわらず、だからといってこの概念を完全に捨ててしまうべきでもないという両義性に引き裂かれる。その点について、次に考えてみたい。

4　それでも集団性を無視することはできない

以上では、集団性にこだわる考えおよび運動は往々にして危険性を含むということについて述べてきた。このように考えるなら、基本的視座はあくまでも個人におき、ある個人が不当に差別・抑圧されているときにそれを批判するという態度を貫くべきであって、集団単位で考えるべきではないというのが妥当な結論であるかにもみえる。

だが、現に集団性が大きな役割を果たしているという現実のもとでは、集団性を単純に無視することはできない。「抑圧者集団」「被抑圧者集団」という言い方がいかにミスリーディングであるにしても、そのような言葉で表現されるような関係が現にあるということもまた否みにくいのが、歴史的に形成された現実である。ナショナリズムを危険視し、国民国家やナショナリズムを「過去の遺物」と捉える発想も、特にいわゆる先進諸国では広まりつつある。しかし、他方で、「国民国家樹立こそが至高の目標だ」という信念に基づく民族運動が世界各地に見られるということも事実である[11]。

集団性の論理が種々の問題性をはらむにもかかわらず、それを単純に無視できないのはどうしてだろうか。その理由を考えてみると、次のような事情が思い浮かぶ。まず、認識面についていうなら、集団の文化というものは、たとえ固定的・宿命的な実体として存在するわけではないにしても、歴史的に形成された関係の束としては確かな現実性をもっている。そして、ある集団の中で育った人間はその集団の文化を所与の前提として自己形成をしていくし、集団内での交流を通じてその文化は不断に再確認され、強化される（と同時に変容もしていくが）。同じことの別の表現だが、ある集団の「特質」なるものが「幻想」だとしても、その幻想が多くの人々をとらえるなら、それ自体が一個の「現実」となる。人間は抽象的アトムとして存在するのではなく、そのような集団的・文化的規定性のもとに生まれ、育つものだからである。だとするなら、歴史的に形成されてきた諸種の集団性というものは、それを固定化すべきでないのは当然だとしても、だからといって単純な仮象として認識から放逐してしまうわけにもいかない。

次に、実践面についていうなら、団結というものをとりわけ必要とし、集団性にこだわらざるを得ないのが弱者の側だという事情に注目しないわけにはいかない。被抑圧者集団に属する人々は、そもそもこれまで集団として抑圧・差別されてきた——ある集団的カテゴリーに属するが故に、個人としての資質に関わりなく不利な立場におかれてきた——という事情がある以上、その経緯を箇単に忘れることはできない。「日本人・韓国人といったことにこだわるのはもうやめよう。民族に関わりない個人として考えよう」という発想は、日本人の方からは出てきやすいが、それは韓国人からはしばしば反撥を招く。フェミニズムとかジェンダーという問題を取り上げるのが主として女性であり、男性の多くは性別というカテゴリー自体に無関心で、性にかかわらない個人を論じがちだという構造も同様である。

いま述べたことと関係するが、「集団性にこだわらず、個人として考えるべきだ」という主張は、どちらかといえば「強者」側に属する知的エリートから出てくることが多く、これに対し、「弱者」側の人は集団に依拠するという構図になりやすい。個人として弱者である人たちは、集団として団結することでようやく一定の力を獲得できるからである。このことは、個人主義的観点がややもすれば抑圧者に有利、被抑圧者に不利という方向に作用しがちだということでもある。そのように考えるなら、集団カテゴリーを完全に捨てること自体に一定のバイアスが含まれることになる。(12)

一般に、エリートは自分個人の力で自己実現できる度合が、非エリート大衆に比べ相対的に高い。もちろん、エリートといえども社会の中で生きており、種々の社会的規定性を帯びてはいるが、自己の帰属集団全体あるいはその平均値以上の活躍を自分自身の力で実現することができるし、場合によっては当初の帰属集団を捨てて、他の集団に移行することもできる(なお、ここでいう「エリート」には、「抑圧者集団」のエリートだけでなく、「被抑圧者集団」内のエリートも含まれる。国民国家以前の時代において統治エリートがコスモポリタン的性格を帯びていたのは前者の例だし、個々のエリート女性が「男性社会」内でそれなりに高い位置を占めるのは後者の例ということになる)。他方、非エリート大衆は、自分の力だけで自己実現できる余地が限定されており、帰属集団の力に依存する度合が相対的に高い。そのため、政治における大衆の役割が増大すると、集団帰属意識が煽られ、その集団を単位とした政治闘争が大きな役割を演じるようになる。おそらく、大衆民主主義の時代がナショナリズムの時代でもあるのは、そうした事情によるだろう。

ここで論じた問題は、より広くいえば、人間は純然たる個人として生きるのか、集団内個人として生きるのかという問題になる。もちろん、論理的にいえば、これは単純な二者択一ではない。あらゆる人が集団の中で生き、その文化に規定されているが、それと同時に、どのような集団性も個々人を完全に覆い尽くすことはない。個人と集団は、二者択一ではなく、相互関係にある。しかし、これは優等生的な答案でしかない。より深刻な問題は、その相互関係が現に相克として現われるときにどのように対処するかという点にあるだろう。(13)

5　「抑圧者」側に属する人に何が言えるか

以上とはやや次元の異なった論点として、論者のおかれた立場との関係という問題について、本節と次節で考えてみたい。本稿で取り上げているような問題は、論者がどういう位置にあるかということと切り離すことができないからである。

「被抑圧者集団といえども絶対善ではなく、その中にも、批判されるべき問題がある」という命題は、具体的な適用については争われるにしても、一般論としてそういうことがあるということ自体は滅多に否定されない。しかし、そのことを、誰が、どのような形でいうかによって、含意が異なり、またそれに対する反応も異なってくる。

抑圧者側の人が被抑圧者側の人に向かって、「お前たちの方にだって問題があるじゃないか」とか「お前の糾弾の仕方は感情的で、非理性的だ」などといえば、これは悪質な居直りという意味をもち、また実際そのように受けとめられて反撥される。このことは、日本人が韓国人の非をあげつらうとか、男性がフェミニズム叩きをするというような例を思い浮かべれば容易に理解されるだろう。

また、いずれの陣営にも属さない──少なくとも、そのようにみなされている、あるいはそう自認する──第三者が、「どちらにもそれぞれに問題がある」とだけいえば、これは無責任な「高みの見物」的立場から「喧嘩両成敗」を唱えているという響きを帯びる。「喧嘩両成敗」という態度は、対等な二者が喧嘩しているときの第三者の対応としてはそれでよいが、より強い抑圧者とより弱い被抑圧者とが対峙している状況の下では、公平を装いつつ事実上前者に味方するという意味を帯びざるを得ない。「象牙の塔アカデミズム」はそういうものに陥りやすいということは、よく指摘されるとおりである。

他方、被抑圧者集団内の──あるいはそれに近い立場の──人が、自己批判的・反省的認識として、「自分たちの中にも反省すべき問題がある」というなら、これはいま述べた二つのケースとは異なった意義付けを与えられる。どのような集団も堕落から免れないとしたら、そのような堕落の危険に対して警鐘を鳴らして、自分たちを高めていくために、そうした自己批判的・反省的認識を提唱することは貴重な意味をもつ。被抑圧者集団に属する人は、ただひたすら自分たちの正義を高唱するだけでなく、内部における問題性を真剣に反省することによって、その運動の質を高めることができるはずである。(14)

つまり、同じ命題でも、誰が、どのような形でいうかによって意味が異なるということである。俗っぽい表現だが、「お前にそう言われたくないよ」という言い方がある。同性から（たとえば女性が女性に対して）提起された反省の言葉なら耳を傾けたいけれども、同じ言葉を異性が（女性に対して男が）非難がましくいうのは聞きたくない、というのはよくあることだろう。帝国主義統治者（ソ連も含めて）が植民地におけるインフラストラクチャー建設や教育普及によってその地の近代化に貢献した面があるということを——たとえ第三者的には事実だとしても——当の統治者が何の反省もなくいい放つのは、被支配者だった人たちの側からすれば、許しがたいことだろう。他方、（旧）植民地側の人たちの間から、「（旧）宗主国の非ばかりあげつらっているのではなく、自分たちの中にある問題にも目を向けよう」という声が出てくるなら、これはそれとは異なった意味をもち得るはずである。

ここまではそれでよいとして、では、現に抑圧者集団あるいは第三者集団に属する人の場合は、こうした問題に対して、どういう態度をとるべきだろうか。そうした立場の人は、自分自身が被抑圧者集団に属しているわけではないから、「内からの反省」をいう資格はない。では、どうしたらいいのか。そのような立場の人の選択肢は、「居直り」、「高みの見物」、被抑圧者集団の「応援団」的態度、あるいは沈黙しかないのだろうか。

私自身、多くの場合においてそのような立場にあるので、この問題が切実なものとしてある。男としてフェミニストの主張に多くの点で共鳴しつつ、しかしなおかつ微妙な違和感を懐くとか、日本人として韓国人からの日本批判についても同様の感想をもつときにどうしたらよいのだろうか。あるいはまた、ロシア研究者として、殊更に親ロシア的というのではないがある程度までロシア人に親近感を覚える——少なくとも彼らの主張がかなりの程度理解できる——立場にある者として、東欧の人々や旧ソ連の非ロシア諸民族からのロシア批判にどのように対すべきか、という問題についても同様である。

私としては、居直りや、無責任な「高みの見物」的態度は絶対にとりたくない。しかし、だからといって、被抑圧者集団を無条件に正当化し、その「応援団」的態度をとるのもまた無責任ではないかと思われてならない。日本人であることに居心地の悪さを感じるから韓国人の側に立とうとか、男であることに居心地の悪さを感じるから女性の立場に立とうとか、学者であることに居心地の悪さを感じるから庶民の立場に立とう、といった発想をとる人も一部にはいる。だが、それは一種の自己欺瞞ではないだろうか。「日本人の立場」「男性の立場」「学者の立場」が虚構であるのと同様に、「韓国人の立場」「女性の立場」「庶民の立場」もまた虚構である。

　ある意味では、「良心的な応援団」の態度をとるのは楽なことである。もっとも、これを「楽」というのは不当だと反論されるかもしれない。自己の属する集団の悪を認めるのはしばしば辛いことである。それを超えて、敢えて被抑圧者の側に立とうとするのは立派な態度だ、というのが常識的評価だろう。だが、まさにそういう評価が常識的にあるからこそ、そのような態度をとれば「良心的」と評価してもらえることが予め分かっており、そのことによって自己の良心を満足させられるというのは、やはり「楽」なことである。特に知識人の場合には、そのような態度をとることによって、一定の発言の場を確保でき、その仲間内で、「自分たちは被抑圧者側に立つ正義の味方だ」「進歩的だ」という自己確認をすることができる。たとえば、男性の中のフェミニズム同伴者、また日本人であって韓国人や中国人の主張に理解を示し、更にはその代弁者となろうとする人たち、そして世界各地の被抑圧諸民族のことを研究する人たち。このように言うのはややシニカルに響くかもしれないが、そのような面があるということは否定しがたいのではなかろうか。

　私は本稿の前半で被抑圧者集団の中に潜む異質性や、その集団自身の中の権力関係、あるいはそれらの問題への自覚の抑圧などといった論点に触れた。そうした問題が現にある以上、「自分は抑圧者集団の側に属するから、被抑圧者集団側の問題を批判する資格はない」といってそれらに目をふさぐ態度はとるべきでない。やや古い例だが、かつて左翼運動の全盛期に、「プチブル・インテリがプロレタリアートの運動にケチを付けることは許されない」という論理で、知識人による共産党批判を封殺――しばしば自主規制――したことの過ちが思い起こされる。とすれば、被抑圧者に対して友好的な立場に立とうとするからこそ、無責任な「応援団」ではなく、むしろ彼らの自己批判的＝反省的認識を促すような接近をすべきだ、ということになるのではないか。だが、実際問題として、この壁を超えるのは容易なことではない。その点について、節を改めて、最後に考えてみたい。

6 「他者」への内在的批判と対話は可能か

前節で述べたことは、「他者」を理解し、その理解に基づいて内在的に批判することの困難性と関係している。確かに、他者理解（およびそれに基づく批判）は難しい。しかし、それでもなおかつ、それを試みるべきだとするなら、それはどのようにして可能だろうか。

これまでも繰り返し述べてきたように、集団カテゴリーは絶対的なものではない。だとしたら、自己が「抑圧者集団」に属するとか「第三者集団」に属するということも、絶対的・固定的なものではないはずである。多くの人は自己の帰属集団の共通了解に無意識のうちに浸りきるというのが通常のあり方なのかもしれないが、むしろ適応障害を感じ、居心地悪く感じるということもありうるはずである。私自身についていうなら、自分が男であること、日本人であること、学者とりわけ政治学者であることに対して、いつも居心地の悪さを感じており、自分をその集団の代表的一員と感じることはできない。紅白歌合戦のような場で「女性軍」と「男性軍」が戦うとか、スポーツの国際試合で日本チームと外国チームとが戦うというような場合、圧倒的多数のアナウンサーは、自分が男性なら男性軍を応援し、女性なら女性軍を応援する――そしてスポーツ報道では常に日本チームを応援する――が、そういう光景を見るたびに、私はやりきれない疎外感をいだく。自分を「男」とか「日本人」というものに一体化するのが苦手なのである。かといって、現に紛れもなく男性であり、日本人であって、両性具有でもなければバイリンガル・バイカルチュラルでもない以上、「私は女性の味方です」とか、「〇〇人の味方です」というのもおこがましい。端的に、こういう対抗図式に巻き込まれたくないのである。これは、学者間の縄張り争い――政治学者と経済学者のどちらが高級かとか、理論志向の研究と実証志向の研究とどちらが優れているかといったたぐいの議論――についても同様である。いま述べたのは、直接には私個人の特殊性だが、より一般化していえば、「自分は〇〇集団に属する」ということが絶対的なものではないということの一つのあらわれでもある。

このような集団帰属の非絶対性は、自集団に溶け込みきれないという困難性（孤立・疎外感）のもとだが、同時に、自集団を超えた認識をもつための一つの根拠ともなりうる。「他者」理解の可能性という、本節冒頭で提起した問題は、この角度から考え直すことができるように思われる。確かに、自文化と異なる文化に属する人たちを理解するのは難しい。しかし、実をいえば、何が「自文化」で何が「異文化」かも、一義的ではない。個人と集団の関係が絶対的でない以上、自己の属する（と通常みなされている）のと同じ集団に属する他人でさえも実は「他者」であって、完全な理解はできない。とすれば、「集団を超えて他者を理解する」のと「同一集団内での他者理解」の差は相対的である。後者がある程度まで何とか可能であるなら、前者もまたある程度までは迫ることができるはずである。たとえば、「同じ日本人」であるはずの他人を理解するのも、異国人たる朝鮮人なりロシア人なりを理解するのも、ともに難しい。男が女性を理解するのは確かに難しいが、ある男が他の男を理解するのもまた難しい(15)。職業が異なれば話が通じにくいが、「同じ学者」の間でも——それどころか、「同じ政治学者」の間、あるいは「同じロシア研究者」の間でも——議論が通じないで空回りするといったことは珍しくない。そのいずれにおいても他者理解は難しくはあるが、絶対に意志疎通不能というわけでもなく、少しでも深く理解しようと努めることは無意味ではない。

どのような他者についても、完全な理解は極度に困難であり、誤解の可能性は常にある。と同時に、にもかかわらず、その壁を超えて理解しようと努め、対話することは——ある限界内においてではあるが——可能であり、有意味な営みである（少なくとも、そう信じなくては生きていけない）。他者理解というものは、どこまでいっても完全に正確ということはあり得ないが、だからといって「理解できないものである以上、理解しようと努めても無意味だ」というのではなく、少しでもよりよく理解しようと努めることは有意味な作業のはずである。

こういう風に考えるなら、他者の行為についての自分なりの理解に基づく批判は、誤解・無理解に基づく的外れで無責任な批判になる可能性を常にはらんではいるが、だから絶対にすべきでないということにはならない。自分が相手を誤解しているのではないかというおそれをもちつつ対話すること、その中で相互批判も――相手の言い分に常に耳を傾けながら――行なうこと、これは、第一世界と第三世界の間であれ、女性と男性の間であれ、教師と学生の間であれ、原則的には同じことのはずである。[16]

自分がある集団（抑圧者集団）に属し、相手がそれとは異なる集団（被抑圧者集団）に属しているという関係にある場合、そのような客観的構造から目をそらして、「同じ人間じゃないか」といって近づこうとしても、反撥を招くだけであり、「同じ人間」などということを安易にいうわけにはいかない。しかし、そうした構造を踏まえつつ、「他者」を理解しようと試み、その（自分なりの）理解に立脚した問いを相手に投げかけることはできる。[17] その際、おそらく、特に気をつけなくてはならないのは、どのような形で表現するかという点にあるだろう。被抑圧者集団に潜む問題点をえぐるということ自体は正当だとしても、不用意な表現をとるなら、敵対的態度の表明と受け取られ、反撥される。「あら探し」とか、「抑圧者側に属する人の居直り」と受けとめられることのないよう、接近・友好の姿勢を明確にしつつ、そのような地点からの批判を提出するよう努めなくてはならないだろう。

そのような試みのことを、前節で、「居直り」や「高みの見物」でもなければ「応援団」でもない道の模索と書いた。これは実際には極度に困難な道である。道を見いだすこと自体も困難だし、

「良心派」として仲間と団結意識を確認することもできない。いわば「こうもり」的な位置を占めることとなり、どちらの側からも胡散臭く見られて孤立するということになりがちである。これは労多くして報われることの少ない作業かもしれない。しかし、私としては、それでもそのように努めるしかないように思われる。

注

（1） 小浜[1999]は、語り口に微妙な違和感があり、また内容にも若干の疑問があるが、ともかく安易な弱者賛美論の陥りがちな問題点を鋭く衝いている。結論への賛否はともあれ、差別とか抑圧とかについて考える人は、この種の問題提起に正面から向き合って、回答の努力を払うべきだと思う（脱稿後、テッサ・モーリス－鈴木が小浜の本を取り上げて、「信じがたいほどにバカバカしい論理」だとし、「ニヒリスティックなナショナリズム」の一典型だとしているのに接した。「批判的想像力の危機」『世界』二〇〇一年一月号八二－八三頁。小浜の議論には確かにある種の危うさがあり、それを突き詰めればこのように批判される余地があるかもしれない。だが、議論の内実に分け入って、有意味な問題提起と危うさとを丁寧に腑分けする作業を省き、あっさりとしたレッテル貼りによって「敵」扱いするというやり方には同調できない。このような態度は、同じ論文の九二頁でモーリス－鈴木自身が提唱する「『私は間違っていた』『私にはまだよくわからない』『そういうことを意味していなかった』と圧力なしに発話可能な『会話』の空間の創出」の志向――これには私は全面的に賛成する――にも背くのではないだろうか）。

（2） ここで「原理的」という言葉を使ったが、それは、社会学なり人類学なり哲学なり、その他様々な学問分野における「原理論」といったことを意味しているわけではない。私自身がそうした分野について素人だからということもあるが、それ以上に、この種の問題について本当に「原理的に」考えようとするなら、そうした既成の学問分野において「権威」とされている「原理」なるものを振り回すのではなく、もっと素朴に、自己の問題意識に忠実に、根本に――つまり「原理」に――さかのぼって考えることが必要なのではないかと思うからである。もちろん、自己流に考えるといっても、その際のヒントを多くの他の論者からいただくということはあり、本稿でもあちこちで様々な論者の論考に言及する。ただ、その言及の趣旨は、学説史とか理論史とかの正確な理解を狙いとしているわけではなく、あくまでも自分なりに――「原理的」に――考える際のヒントないし手がかりということである。

（3）　小田［1996, 1997］は、ここに簡単に描いた問題を鋭い形で提起しており、参考になった。もっとも、この問題に対する小田自身の回答は、部分的に興味深いものがあるにしても、やや一面的なように思われ、にわかには納得できない。

（4）　「多数派のアイデンティティの自明性を暴き、それが暗黙のうちに行使している権力を告発するために、少数派の側もまたアイデンティティに目覚めることを奨励する」立場に立とうとするが、他方では、「あらゆるアイデンティティは、人間を一定の枠に押し込める点で抑圧的であり、少数派のアイデンティティといえども例外ではない」ため、「少数者のアイデンティティに完全にコミットするわけにも行かない」という杉田敦［1998a：190-91］の指摘も、同様の問題に触れている。塩川［1999b：26-28］でも、この問題を取りあげた。杉田［1999：14-16］も参照。

（5）　アファーマティヴ・アクションをめぐるさまざまな議論の整理として、石山［1987］があり、以下の私の整理もこれを一部参考にしたところがある。なお、石山の結論は、様々な問題点を指摘しながらも、だからあらゆる積極的措置が許されないというのではなく、それらのマイナス面を上回るプラス面がある場合に限り正当化されるというものである。

(6) なお、異民族結婚から生まれた子は、国内旅券発給の年齢（一六歳）になったとき、どちらかの親の「民族」を選択し、いったん選択した「民族」は変更できず、生涯それに帰属するとみなされた。

(7) 社会主義時代、とりわけ一九七〇年代以降のコソヴォにおいてアルバニア人優遇政策がとられ、それがセルビア人の間に「逆差別」意識を生んだ事実は、ジャーナリスティックな解説ではほとんど触れられないが、専門家の間では広く知られた事実である。例えば、岩田[1999：160-172，254-264]参照。

(8) 一つの代表的な試みとして、ウィル・キムリッカ（Kymlicka[1995]）は「民族的マイノリティ」と「エスニック集団」を区別して、自治権を主張しうるのは前者のみだが、「エスニック文化権」および特別代表権は後者にもあり得るとする。また、「集団別の権利」――キムリッカは、「集団的権利」の語を避けて、このように表現する――の性質として、「対外的防御権」と「対内的規制権」を区別し、後者は自由主義と抵触するが前者は自由主義と両立すると説く。キムリッカの議論の弱点について、邦訳書の訳者解題のほか、井上[1999：94-8]、杉田[1998b：108-112]など参照。

(9) 女性の一体性観念――それは、通常あまり意識されないが、「男性」の一体性観念と表裏一体である――を批判し、「女性全体」をフェミニズムが代表することはできないとする議論として、瀬地山[1994]がある。論の運び方にやや危うさを感じるところもあり、全面的に賛成するわけではないが、問題提起として重要な指摘である。上野千鶴子も、「わたしには被抑圧民族のナショナリズムは正しい、と言い切ってしまうことができない」と述べた上で、さらに続けて「もちろん、同じことは『女性』というカテゴリーについても言える。『集団』＝『われわれ』のカテゴリーは、それがどんなものであれ、外部との対立を先鋭にする代わりに、内部の差異を隠蔽する働きをする。フェミニズムもまた、単一の集団としての『女性』というカテゴリーに、安易に依拠することはできなくなっている」という注をつけている（上野［1998a：190-1］）。これは含蓄の深い重要な示唆だが、示唆にとどまっており、「女性」というカテゴリーに安易に依拠することをやめたフェミニズムがどのようなものとして立ち現われてくるかはまだ明らかでない。後注(15)も参照。

(10)　石田雄は、差別集団と被差別集団を実体的に確定することはできないし、強いてそのように考えることは差別を固定化しかねない、また差別撤廃運動を展開する集団内における権力関係を見失うおそれがあると指摘する。ここまでは、被差別集団の実体化を批判することで、視点を個人におく議論のようにみえる。ところが、石田自身の積極的な結論は、「差別の言説を批判することは差別された者の異議申し立てによる対抗文化の形成を通じて可能となる」というものである。この結論は、実はそれ自体、「差別された者」「対抗文化」を集団的に同定することなしにはありえず、石田自身の先の考えと矛盾しているように思われる。石田［1994：239-41］［1995：155-56］。

(11)　中井［1998：1-2］は、ナショナリズムは幼児期‐思春期‐壮年期‐老年期という段階的発展をたどるとして、先進国のナショナリズムは老年期にあり、その観点からは二〇世紀末はナショナリズムの黄昏の時代だが、世界中の多くの民族はまだ思春期にあるという。これは、やや単線的な図式であり、どの民族も同じような段階をたどるといえるかには疑問があるが、ナショナリズムに関する対照的な理解の同時併存という状況への注目は重要である。

(12)　やや文脈が異なるが、大沼保昭は「集団的権利」について論じる中で、そこに理論的困難があることを指摘しつつ、しかし、第三世界の人々が自らの切実な要求（集団的な要求）を「人権」という言葉で表わそうとしたことには重要な意味があるとする（大沼［1998：186-8, 211-18］）。これまで抑圧されてきた人たちが、未だ言い表わす適切な言葉をもたない要求を、論理的困難を含みつつ問題提起するときに、表現が洗練されていないというだけの理由でそれをあっさりと切り捨ててはならないというのは大沼のいうとおりである。もっとも、だからといって、そこにおける論理的な困難が解消されるわけではない。ここに大きなディレンマがある。

(13) おそらく、この問題は、個人主義的自由主義と共同体論(コミュニタリアニズム)という、現代思想上の一般的問題にもつながるだろう。ただ、そこまで議論を広げるのは、本稿の課題としては拡散しすぎになるので、これ以上立ち入らないことにする。共同体論をめぐっては、井上[1998:第二部]参照。

(14) ところが、「勝つか負けるか」的発想が優越している状況――典型的には戦争とかゲリラ戦のような武装闘争が挙げられるが、それだけでなく、法的権利の言葉で物事を考える発想が優越しているアメリカ社会のような文脈では、法廷闘争での「勝つか負けるか」がいつも思い浮かべられやすいようである――では、「味方の側にまずい点があっても、それを暴露するのは利敵行為になるから、それをおおっぴらにいうべきではない」という発想がとられやすい。そうした状況は、被抑圧者集団内部における言論の自由や自浄作用を抑止する可能性が大きいように思われる。

(15) 上野千鶴子は、「男性に女性学をやってもらうには及ばない」「男性にはその前にやってもらうもっと重大なことがある……それが男性の自己省察としての男性学である」と述べ(上野[1995:30] 上野[1998b:249])、またその立場から、『日本のフェミニズム』シリーズ(岩波書店)の本巻(七巻)を女性著者の作品のみで埋める一方、『別冊・男性学』を男性著者の作品のみで構成している。その意図自体は理解できるつもりである。しかし、男性にとって女性が「他者」であり、その「他者」を理解したような顔をして何かを語るのが僭越だとしたら、女性の研究者にとって、他の多種多様な女性は何の「他者」性もなく、「自己」のこととして論じられるのだろうか。また、男性による男性学は「自己省察の学」だというが、たとえば私にとって、マッチョな男性は多くの女性以上に縁遠い「他者」ないし「異文化」と感じられる。一般に、ある論者が同性について語れば必ず「自己」についての議論で、異性について語ると「他者」についての余計なお世話になると決めつける発想は、性別カテゴリーを過度に固定化・絶対化することにならないだろうか（それと関連して、ジェンダー学を「女性による女性学」と「男性による男性学」に分解してしまうことは、「女は女のことだけ考えていればよい。男は男のことだけ考えていればよい」というステレオタイプ的分断を助長しかねないように思う。それに、このようなカテゴリーの絶対化は前注(9)に引用した上野自身の考えと矛盾していないだろうか）。私としては、「他者」理解の困難性を見据えつつ、なおかつその壁を超えようとする対話の試みが重要であると考えたい。

(16)　大塚[1998]は、国境を越える活動は、たとえ「人道主義的」な理由づけがなされていたとしても、政治的・倫理的な面で常に危うい可能性をはらんでいると指摘し、たとえ犠牲者に対する救済という意図をもったものだとしても、当事者から「介入」と受けとめられやすいこと、介入はいかに善意から出たものであっても、そして巨大な暴力に対する小さな抵抗であったとしても、それが暴力であることに変わりはなく、少なくとも、その自覚は持つべきだと論じている。示唆的な論述だが、次の二点を付け加えておきたい。第一に、「境を越える」「介入」ということを、大塚は国境、民族の境として語っているが、実は、何が「境」なのかということも一義的ではないはずである。一方では、既存の国境を越えても自分にとっては「内側」だ、だから介入ではないという言い方もできるし、他方では、一つの国・民族の「中」でも「異文化」はたくさんあり、そのどれについても「境を越えることはできない」という言い方もできる。第二に、この論文で大塚自身が提起している問題だが、他者の「悪」に対し、どのような態度をとるべきか——余計な干渉・介入はすべきでないという自己抑制を重視するか、それとも、それが無理解に基づく無責任な介入だという反撥を受けることを覚悟しつつ、敢えて「介入」すべきなのかという問題は未解決のままに残っている。

(17) 塩川[1998]は、私なりにそのような方向を目指した一つのささやかな試みである。

*この文章は元来一九九八年から二〇〇〇年初頭にかけて書いたものだが、その後、いくつか関係する未定稿を書き、それらを私のホームページの中の「読書ノート」の欄(http://www.ju-tokyo.ac.jp/~shiokawa/ongoing/books/)に収録した。本質主義・反本質主義(構築主義)をめぐって金森修『サイエンス・ウォーズ』についてのノート、自決・自己決定権をめぐって立岩真也『私的所有論』についてのノート、戦争責任を典型とする集団的責任の問題をめぐって加藤典洋『敗戦後論』についてのノートおよび藤原帰一『戦争を記憶する』についてのノートなどをそれぞれ参照していただければ幸いである。

第三章　『女性の権利の擁護』を読み直す

岩瀬　民可子

1　はじめに

フェミニズムとは、女性の解放をめざす思想／運動を言う。だが、その「女性の解放」とは何か。この問いは常にフェミニズムに付いてまわってきた。そして今も付いてまわっている。つまり、フェミニズムは、女性の解放をいかなるものとして構想するか、という問いに解答を与えようとする思想／運動なのである。

であるならば、問題はその構想である。いかなる状況をもって女性の解放とするのか。フェミニスト理論家（feminst theorist）と呼ばれる人々は、女性が貶められた存在であることとその不当性を証明し、かかる不当が除去された状態を女性解放と考えてきたし、現在でもそうである。それではその当／不当とは何をもって決定されるのか。ここで想起されるのは、かのフランス革命の理念として知られる「自由」と「平等」であろう。この「自由」と「平等」がそれとして「正当」であれば、女性のおかれている状況の不当が証明されるのである。おそらく、「自由」「平等」という理念そのものが正当なものであることは今日疑いようもない。だが、再び問いは開かれ続ける。その「自由」「平等」とは何か。いかなる状況をもって「自由」「平等」と言うのか。(1)

メアリ・ウルストンクラフト（1759—1797）は、女性の解放とはいかなることか、というフェミニズムの問いに真摯に取り組み、答えを与えようとした、間違いなく最初のフェミニスト理論家の一人であろう。だが彼女の女性解放思想は、現在ではいわゆる「男女同権論」もしくはリベラリズムに基づく女性解放論の先駆として位置づけられ、現代フェミニズム思想の重要な源泉ではあるが既に「時代遅れ」のものであると考えられている。フェミニズムの解説書の多くはウルストンクラフトを「女性解放思想史」の登場人物の一人として「過去」の中に固定しているのである。けれども、彼女の女性解放思想は本当に「時代遅れ」なのだろうか。彼女の生きた一八世紀末のイギリスは確かにリベラリズム思想の確立期であり、彼女がその影響を受けたことは想像に難くないが、それでもあえて彼女が「女性の解放」を主張したという事実の中には、いわゆるリベラリズム思想では語りきれないフェミニズム思想独自の何かが息づいているはずなのである。

むしろ、リベラリズム思想と並行して出現し、リベラル女性解放論と読まれるものであるからこそそこにはフェミニズムとリベラリズムを分かつ何かがあるのではないか。また、彼女の女性解放思想がリベラル女性解放論と読まれたことでフェミニズム思想という「抵抗の思想」は懐柔されたのではないか。女性の解放とはいかなることかというフェミニズムの問いを問いつづけるためには、ウルストンクラフトの女性解放思想は読み直されねばならない。そこで、彼女の、そしてフェミニズムのめざす「自由」「平等」がリベラリズムのそれとどのように異なるのかを、彼女の主たる著作『女性の権利の擁護』(*A Vindication of the Rights of Woman: with Strictures on Political and Moral Subjects*, 1792)を検討することによって明らかにするのが本稿の目的である。

2 『女性の権利の擁護』における女性解放の主張

『女性の権利の擁護』は、フェミニズム思想を知る者であれば誰もが「古典」と位置づけ、今もなお読む者に彼女の熱烈な女性解放への希求を印象づける名著であるが、本著をはじめとするメアリ・ウルストンクラフトの諸著作は彼女の生活史に深く関係している。そこで、『女性の権利の擁護』の思想内容を検討する前に、簡単に『女性の権利の擁護』執筆までの彼女の生活史に触れておくこととする。

メアリ・ウルストンクラフトは一七五九年、ロンドンに生まれた。父は富裕な織布業者の息子であったが、その生業を嫌って自営農になり、ウルストンクラフト一家はロンドン付近で転居を繰り返した。メアリが十代半ばごろに父は自営農に失敗したが、父も長男であるメアリの兄も祖父の遺産を独占したため[2]、彼女は生活のために働かざるを得なくなった。また、メアリの父はしばしば家族に暴力をふるっていたため、母の死後、メアリは家を出なければならなかった。だがメアリのような中産階級女性は当時結婚だけが取るべき道と考えられており、極めて限定された職業以外には女性は就くことができなかった。その数少ない職業である家庭教師（ガヴァネス）や通学学校の教師、上流階級女性の話し相手（コンパニオン）を転々とした後、メアリは著作を生業とすることを決意した。経験を生かして女子教育に関する著書や子供向けの童話、小説、翻訳などを出版する一方、そのころに加わったロンドンの急進主義者サークルの影響を受け、急進主義の雑誌『アナリティカル・レヴュー』で書評や翻訳を行った。

フランス革命はイギリスにも莫大な政治思想的影響をもたらしたが、メアリもフランス革命に強烈な影響を受け、革命の理念に共感していた。そこで、エドマンド・バークが反革命の書『フランス革命についての考察』（1790）を出版するや、メアリは『人間の権利の擁護』（*A Vindication of the Rights of Men*, 1790）を著して、自然（ただし彼女の言う「自然」はほとんど「神慮」をさすと思われる）と理性が進むべき正しい道を人に教えるのに、バークは伝統的イギリス国制の権威に自然と理性が道を譲るべきだと誤った主張をなしている、として激しく非難した。『人間の権利の擁護』は初めてメアリが自身の政治思想を公刊した著作だが、そのラディカルさは急進主義者にも保守主義者にも大変なインパクトを与えたとされている。この成功に勇気づけられたメアリは、すでに

『人間の権利の擁護』の端々にもちりばめておいた女性の抑圧とそこからの解放の問題を『女性の権利の擁護』で全面展開することとなったのである。

『女性の権利の擁護』は、後にメアリの夫となったウィリアム・ゴドウィンによれば、わずか六週間足らずで完成された（Godwin［1798＝1970：74］）。当初三部に分けて出版の予定が、「書き進めてゆくに従って新鮮な描写がいくつも頭に浮かぶので、最初の一部だけを公表することにした」（VW, 6-7）とメアリ自身が述べるほど一気に書き上げられたものであるため、章立てがなされている[3]（一三章構成）ものの各章の独立性は薄く、各章のテーマに基づいて筆の進むままにさまざまな事象の記述や彼女自身のアイデアがぎっしりと詰め込まれたものとなっている。また扱っている主題に引きずられてか、彼女の気質を反映してか、時として怨念にも似た激しい感情吐露が見られ、繰り返しも多く、論理はしばしば首尾一貫しない（このことは『人間の権利の擁護』でも見られている）。この理由により『女性の権利の擁護』の論理構成を著作の冒頭から順に示すことはほぼ不可能であるのだが、彼女の主張はおおむね以下のようにまとめられる。

(1)　人間はすべて理性をもつ存在であり、それに従うべきことは女性も同様である。

この主張は「人類の諸権利とそれにかかわる諸義務の考察」と題する第一章で、「第一の原理」（VW, 11）として掲げられる。「我々の性質と幸福になる能力の完全さは理性と徳（virtue）と知識の程度によって計られ、この能力が個人を卓越させ、社会を束ねる諸法則を教示するのである。そして理性を鍛えることから知識と徳が自然とあふれ出すということもまた、人類を全体としてみるならば等しく拒めないことである」（VW,12）と述べる。さらにメアリは、「女性の性格について流布している意見についての議論」と題した第二章で、人間が徳を身につけるためには「（神が）魂をもつことを男女双方に許しているので、徳もしくは幸福に人間を導くような神の摂理によって約束された道はただ一つしかないと考えるべきだ」（VW,19）と述べて、理性所有の男女平等と人間がすべて等しく理性のもたらす徳に従うべきであることを訴え、もって女性（と男性）の権利と義務の根拠となすのである。

(2) 女性はあらゆる場面で隷属的状態にあり、その状態は男性による女性支配が生み出したものである。

メアリの見る女性の現状は、以下のような嘆かわしいものである。「幼いときから美は女性の王笏（王権を象徴するもの、引用者補）と教えられ、精神は肉体に合わせて形作られる。そして精神の虚飾の籠の回りをさまよいながら、ただその監獄を飾り立てることだけを求めるのである。……女性はひとつ所に閉じ込められ、思考を自分たちの最もどうでもよい所にばかり仕向けさせられるため、女性たちの物の見方はめったに一時的満足感を越えて展開することはないのだ」（VW, 44）。

そして「一般にレディーと呼ばれる女性たちは人前で異議を唱えられるようであってはならず、どんな腕力の強さも行使してはならないのだ。そして彼女らに期待されるのは忍耐、柔順、気立ての良さ、適応性のような消極的な美徳だけであり、知性の力強い行使とは一致しないものばかりだ」（VW, 58）というように、女性は徳における性別二重基準を甘受させられている、とメアリは観察する。それはなぜか。メアリは「女性は、男性がそうすることが男らしいと思って女性に払うつまらない気遣いを受け取るが、そのつまらない気遣いは実際には、男性が自分たちの優位を女性を軽蔑しつつ支えるものなのだ。こうして女性はシステマティックに堕落させられるのだ」（VW, 57）と述べて、男性こそが女性を貶めるよう仕向けていることを暴き出す。さらに、男性は女性を隷従させるために女性を貶めるのである。

「女性の精神を広くすることで強いものとせよ、そうすれば盲目的服従は終わりを告げることであろう。しかし盲目的な服従はいつも権力によって求められるので、暴君や官能主義者たちが女性を闇の中に閉じ込めようと望むのは正しいのだ。なぜなら暴君は奴隷を、官能主義者は慰みものを欲するからである」（VW, 24）。

「男性の専制支配から女性の愚かしさの大多数が生まれたのだ、と私は固く信じている」（VW, 193）。

このようにメアリは、女性の隷従が男性による女性支配から生まれるものだと考えていたのである。

⑶　男性による女性支配は、主に教育という手段で女性に隷従的状態を徳として信じ込ませる。したがって女性解放のためには、女性に対し幼いときから理性に基づいた教育が施されるべ

きである。

メアリにとって、女性の隷従、すなわち男性による女性支配は何よりもまず教育の悪しき賜物であった。当時教育とは、乳児の養育から結婚するまでの修養をさした（Sapiro［1992：13］）ため、女性が生まれてから受ける他者の行為すべてがまさに教育なのである。しかもその状況とは以下のようなものだった。

女性は、人間の弱さについてのちょっとした知識、つまりずるさや、性向の柔らかさや、**外面だけの**（強調原文）従順さや、幼稚な類いの礼儀正しさへの細かい配慮といわれるものだけが、男性からの保護を獲得させるものだ、また、美しくさえあれば、人生のうち二〇年は他には何も要らないのだと幼いときから教えられ、また母親の例から学ぶのだ」（VW, 19）。

そしてこのように育てられた女性は「言葉のあらゆる意味においてか弱いので、安らぎのためには常に男性を立てざるを得ない」（VW, 62）存在となるのである。ところが当時の女子教育書は第五章の表題にあるとおり「女性を軽蔑との境目にあるような憐れみの対象にしてきた著者たち」（VW,77）によって書かれたものであったため、彼女はその代表として特にルソーの『エミール』を痛烈に批判する（VW, 77-92）。家庭でも学校やその他の教育機会でも女性を貶める教育がなされる以上、この教育を改革するべきだ、と考えるメアリは、まず「親の愛情」（第一〇章の表題）が

「歪んだ自己愛の最も盲目的な改造物」（VW, 150）であることを指摘し、それは「愛情の中に理性が欠けているからこそ」（VW, 151）であるから、「良き母親となるために、女性は、夫に完全に頼るように教えられて来た女性がほとんどもたぬような分別と精神の独立をもたねばならない」（VW, 152）と主張する。

彼女は「幼児期の子供の世話は、女性の特性に自然が付け加えた最も重大な義務の一つである」（VW, 151）とさえ見ており、この義務から「女性の知性を強化するための力強い多くの根拠が与えられる」（VW, 151）。すなわち理性にかなった女子教育への改革が子の養育という女性の義務に不可欠であるとする。さらにメアリは、「国民教育について」と題した第一二章で「私が思うに、……男女両性が進歩するためには私的な家庭でのみならず、公的な学校でも共に教育されるべきである」（VW, 165）と男女共学の公立学校の構想を述べ、その公立学校は「五歳から九歳までの子供達のための学校は全く無料で、すべての階級に開放されていなければならない」（VW, 167）とされる。

さらに九歳以上でも、手に技術をつける子供達は午前中は共学でそれぞれの将来に合わせた教育を受け、午後からは職業訓練を受ける。優れた能力のある者たちは別の学校で語学や科学や歴史や政治学や文学を学ぶ、とされる（VW, 168）。メアリは、「人類がより有徳となり、無論幸福となるために、両性は同一の原理で行為せねばならない。……社会契約もまた真に公正なものとなり、啓蒙的な諸原理（これのみが人間の運命を改善できるのだが）を流布させるために、女性は知識に基づいて徳を築くことを認められねばならないが、このことは女性が男性と同じ目標によって教育されない限りほぼ不可能である」（VW, 173）と、理性に基づいた徳を生み出す教育が人類の進歩のために男女ともに必要であることを強く訴えるのである。

(4) 理性に基づいた教育を受けた女性は、職業をもち、経済的に独立すべきである。またその独立に基づいて男性と同等の権利が認められ、政治にも参加すべきである。

メアリによれば女性の隷従状態は与えられる教育が原因だが、そこからもたらされる最大の隷従が男性へのあらゆる依存である。メアリは「彼女（＝妻 引用者補）は夫が生きている間も死んだ後も自分の生きる糧を夫のお恵みに頼ってはならない。というのも、自分自身のものを所有しない者がどうして寛大な存在になれようか？。自由でない者がどうして有徳になれようか？」（VW, 146）と女性の経済的独立は徳のために必要であることを訴え、「女性はより秩序だったやり方で教育されれば、さまざまな職業を行うことができるであろう。そしてそのことが多くの女性をありふれた合法的売春（＝結婚のこと、引用者補）から救い出すのだ」（VW, 148）と、これまで女性ができないとされていた職業分野への進出を勧める。メアリは女性が医師や農場経営や商店経営もできるはずだと考えていた（VW, 149）。こうして職業をもって独立した女性は有徳であるはずだから、「女性たちの私的な徳を公共の利益に変えるために、彼女らは国家の中で、既婚であれ未婚であれ市民としての生活をもたねばならない」（VW, 148-149）。「（前段で述べられた、子の養育という義務を果たす能動的市民であるような、引用者補）妻を本当に有徳で有用となすためには、もし彼女が市民としての義務を果たしているならば、個人的に民法による保護が欠けていてはならない」（VW, 146）、すなわち女性も市民的権利を保有すべきなのである。このことは前述の財産権のみならず、当時の既婚女性が法廷での証言や離婚提議を認められていなかったばかりか、刑事事件以外では裁判を受ける権利すらなかったという「夫の所有物」扱いを受けていたことを反映している。ここにきてメアリはようやく、「女性の権利」が擁護されるべきことを打ち出すのだ。

そしてメアリは控えめに次の主張をなす。

通常の人生を歩む女性たちは、妻及び母の義務を果たすよう宗教と理性によって召命されていると考えるが、飛び抜けた性向をもつ女性たちが独立と有用性のさらに拡大した計画を追求する道が開かれていないことを私は嘆かずにいられない。こんなヒントを出すことで爆笑を買うかも知れぬが、いつか将来に、このことを追求しようと思っている。というのは、政府の審議になんら与かることが許されずに恣意的に支配される代わりに、女性が自分たちの代表を政治の場にもつべきだと私は本当に考えているからだ（VW, 147）。

メアリは女性代議士が女性の声を政治に反映させるべきだというのだ。

だが続けて、「今のところこの国の代議士システムはすべて独裁の便利な道具にすぎないので、女性たちは不平を言うには及ばない。というのも女性たちは代表をもたないという点では数多くの重労働の機械工たちの階級と同様であるからだ。機械工たちは泣き叫ぶわが子の口にパンを入れてやることができそうもない時ですら王権を支えるために税金を払っている。彼らのまさに流す汗こそが皇太子のきらびやかな飾りボタンや不名誉を見下す寵姫の馬車を飾り立てるのに、その労働者たちはどのように議会で代表されているというのか？」（VW, 147）と述べるメアリは、現行の議会制度が女性のみならず労働者階級にも不公正な「腐敗」したものであると考えていた[4]。よってメアリは単に女性（そして労働者）が現行の政治制度内で参政権を得ることではなく、議会制度そのものを改革したうえで議会に代表を送り、社会制度を改革することを願っていたと考えられる。

(5) すべての女性が解放されなければならない。そのためには女性支配は社会における他の差別と併せて撤廃されねばならない。

「私は女性全体の進歩と解放について発言する」（VW, 175）と言いきるメアリにとって、女性とは「人類の半分」（VW, 175）である。そしてこの「女性全体」が一つの「階級」（rank）であるとメアリは言う。この「階級」は、いわゆる資本家−労働者というあの区分のことだけではない。彼女によれば、「階級」とは「世界をみだらな暴君とずるくて嫉妬深い追従者の間で分割することで文明を災厄に帰し、すべての階級の人々を等しく堕落させる馬鹿げた非常識な区分」（VW, 144）「尊敬が生活上の義務の履行にたいしてではなく相手の地位に払われる」（VW, 144）ような区分のことである。こうした有害な「階級」の区分は、メアリにとって男女の区分はもちろんのこと、貧富の区分も含まれる。

一つの階級（class）がもう一つの階級を制圧する。というのは人々は皆自分の財産を理由に尊敬を得ようとするからである。そして財産は一度得られると、才能や徳の故のみで得られるはずの尊敬を得ることであろう（VW, 140）。

心ある人々にとってこの世界を悲惨な光景と見せているような害悪や悪徳のほとんどは財産に対しての尊敬からまるで毒された泉のように湧き出すのだ（VW, 140）。

さらにメアリは、人種差別も「階級」のなせる悪行だと示唆する。「砂糖はいつも、生きた血から生産されねばならないのか？　人類の半分は、（理性の、引用者補）諸原理が男性の杯を甘くするためだけのしっかりした保護装置であるときは、哀れなアフリカの奴隷たちと同じように、自らを野獣扱いする偏見に従わねばならないのか」（VW, 144-145）[5]。以上のように、メアリは女性差別、階級（class）による差別、人種差別をすべて「階級」（rank）という人為的区分に基づく、不当なものと考えていた。したがって、彼女の女性解放のヴィジョンに描かれたのは性差別のみからの解放ではなかった。「社会にもっと平等が確立され、諸階級が破壊し尽くされ」（VW, 191）て「女性が解放され」（VW, 191）るのである。メアリのめざす女性解放は、社会全体の不当な差別を解消する中で実現されるものであったのだ。

以上が『女性の権利の擁護』の主だった主張であるが、メアリによる「解放された女性像」とは結局、①幼児期より男女平等な理性に基づく教育を受け、②経済的にも独立しており、夫に依存しない、③その結果社会に奉仕するという徳（virtue）を備えており、④社会への義務である子育て（これも理性の命ずるところに従う子供を養育することである）を立派に果たし、⑤その義務を果たすがゆえに、市民的権利を認められる、というものである。この解放された女性像が彼女の後に続く女性解放運動に直接間接に与えた影響ははかり知れないのだが、次節では、彼女の女性解放思想がいかなるものとして引き継がれていったかを見ていくこととする。

3 『女性の権利の擁護』とフェミニズム運動

『女性の権利の擁護』は一七九二年に出版されるや、イギリス以外でも注目を浴び、同年中にアメリカ版とフランス版が出版されたという。また、メアリ自身によると思われる校訂を経た第二版がやはり同年に出版されており、第一版を書き改めたところではさらに強い調子で主張がなされている。その後数年のうちにアイルランドやドイツでも出版された（白井［1980：377］）。イギリスでは女子教育書としての評価は高かったが、そもそも女性が政治的な議論をなすこと自体「下品」であるとの悪評を受けたうえ、フランス革命の恐怖政治化と一七九七年のメアリの死後に出版された『女性の権利の擁護』の著者の思い出』と題する夫ウィリアム・ゴドウィンによる伝記がメアリその人に対する悪評を高めることになった（Janes［1978＝1988］）[6]。イギリスではごくわずかな論者を除き、メアリと『女性の権利の擁護』は一九世紀末まで忘れ去られていくこととなる。

一方アメリカでは、出版当初よりイギリスより高い評価で受容されたという（白井[1980：382-383]）。さらに一九世紀後半に入って女性解放運動が活発化すると、メアリ・ウルストンクラフトは女性解放思想の先駆者として評価が高まり、エリザベス・ケイディ・スタントンとスーザン・B・アンソニーは一八六〇年代後半、運動機関紙『革命』上で『女性の権利の擁護』を連載した（Schneir[1994：6]）。また、スタントン、アンソニーおよびマティルダ・ジョスリン・ゲージによる『女性参政権の歴史』（一八八一年）の冒頭では、メアリ・ウルストンクラフトを筆頭にして一七名の女性に献辞が記されている（白井[1980：394]）。

イギリスにおける女性解放運動が本格化したのは一八六〇年代以降であるが、メアリ・ウルストンクラフトの再評価も一八七〇年代には始まった。その評価の文脈はメアリの同時代とは異なり、女性の義務を母たることに置いたことへのヴィクトリア朝的高評（白井［1980：392］）が出現する一方、エリザベス・ロビンズ・ペネルは一八九二年に出版された『女性の権利の擁護』のイントロダクションにおいて、メアリの主張が「すべての人類が理論上諸権利を有するのなら、女性も人類として、男性とともに諸権利を主張するに値する」（Pennell[1892：xxi]）「女性を女性自身たらしめよ。……いったん馬鹿げた性別のバリアが破壊されれば、女性は、自身の人生を生き、単に家庭的であれそうでなかれ自身の職業に従事できるほど自由になれるのだ。……女性たちが政治や公的な問題にかかわると選択したならば、そのための適切な知識と能力を持っているのならそれがなぜ許されないのか。このことは人類として、そして女性としてふさわしからぬことではないのか」(Pennell [1892 : xxiii]) という、人間に平等な権利の主張とそれに伴う差別の禁止であるとする、リベラリズム的解釈[7]を示している。その後、イギリス女性参政権運動の高揚とともに『女性の権利の擁護』は女性参政権要求の先駆的著書としても評価されている(Blackburn [1902 : 274])。

波乱に満ち、逆境を逞しく生きた彼女の人生そのものは多くの人々の心を捉え、メアリ・ウルストンクラフトに関する研究は二〇世紀に入るとますます盛んになった[8]。だが同時期に徐々に各国で女性参政権や財産権、子の養育権や教育権などが達成されはじめると、『女性の権利の擁護』で要求される女性の諸権利はすでに獲得ずみのものとなり、彼女の主張は時代遅れと考えられはじめた。すでに一九三二年、ヴァージニア・ウルフは「メアリ・ウルストンクラフト」と題するエッセイで、『女性の権利の擁護』は真理であるがゆえに今やもうなんら新しいものを含まず、そのオリジナリティはわれわれにとっての月並みさとなってしまった、と述べている(Woolf [1932=1988])。

第二次大戦後は、メアリ・ウルストンクラフトと『女性の権利の擁護』は文学史・思想史上の存在となった。一九六〇年代の第二波フェミニズム運動において女性学が勃興すると、メアリ・ウルストンクラフト研究は急増する(白井 [1980 : 385] グラフ)が、それはフェミニスト理論の先駆者としての評価と、彼女の理論が法の下に万人に平等に認められるべき諸権利要求というリベラリズムの女性への適用である、すなわちリベラル・フェミニズムの先駆であるとする評価をほぼ固めるものとなった。現在でもメアリ・ウルストンクラフトおよび『女性の権利の擁護』をリベラリズムに基づく女性解放論、もしくはリベラルフェミニズムの古典とする位置づけが、フェミニズムに関する概説書や辞典の多く、またフェミニズムの歴史書やアンチ・リベラルなフェミニストのウルストンクラフト解釈に見られる（Eisenstein［1981］, Donovan［1985］, Tuttle［1986］, Pateman［1989］, Gatens［1991］, Humm［1995］など）。

だが、『女性の権利の擁護』をリベラリズムによる女性解放論もしくはリベラル・フェミニズムの古典とする見解は、一九世紀後半からの女性解放運動、特に第一波フェミニズム運動が法の下における女性の諸権利を要求したという「運動の歴史」に強く影響された解釈なのではないだろうか。無論、『女性の権利の擁護』は第一波フェミニズムの主張を後押しするものでもあり、メアリ・ウルストンクラフト自身、第一波フェミニズムによる諸権利の獲得を喜ばないはずはなかろう。しかし先に示したように、彼女が主張した女性解放像は第一波フェミニズムの達成とはいくぶん異なったところにあるようにも見える。例えば彼女はなぜ母として子を産み育てることを女性の「義務」であるとしたのだろうか。それは単に生物学的「自然」を彼女が信じきっていたということなのだろうか。また、『女性の権利の擁護』第一章は、理性が男女平等に備わることを述べる原理的な章となっているが、そのタイトルは「人類の諸権利とそれにかかわる諸義務の考察」である。ここでも彼女は「義務」について述べようとしている。一般にリベラルな権利要求の場合、それに含まれる「義務」は他者の権利を脅かさないとするものである。第一波フェミニズム運動における権利要求は、当然与えられるべき権利が賦与されていないことに対する不当を訴えたのであり、その権利に含まれるなんらかの「義務」が想定されているわけではない。だとすれば、メアリ自身の主張の意図と、第一波フェミニズムおよびそれ以降のフェミニズムによる『女性の権利の擁護』解釈にはずれが生じているのではないか。いったい『女性の権利の擁護』で彼女が訴えたかった女性解放とは何か。

次節では彼女の他のテクストおよび同時代の政治思想状況を踏まえながら、彼女の主張がいかなるものであったのかを探り、リベラリズム思想との距離を測っていくこととする。

4　女性解放と「徳」(virtue)

『女性の権利の擁護』には「政治的および道徳的諸問題についての批判とともに」という副題がついている。メアリは本書の各所で、女性に誤った道徳が押しつけられ、その結果女性が理性に基づく徳を育てることなく堕落した状況に陥っているのだと主張する。このメアリの主張は、女性の劣位を男性と平等な権利を賦与することで解決するというリベラリズム、もしくはリベラル・フェミニズムの女性解放像からすれば奇妙なものと映る。たとえば確かにメアリは男女同一の原理に基づく国民教育の重要性を訴えるのだが、それは単に男性と同じ教育を女性が受けるということではなく、女性とともに男性にも徳と慎み(modesty)、精神のデリカシーを教え、もって男女ともに社会を進歩させるようにするということであり、いわば男女双方、すなわち社会全体を改革するために教育そのものを原理的に改革するということなのだ。彼女は徳（virtue）を男女ともに修得することが道徳（moral）の改善につながり、社会も改革されるというのだが、『女性の権利の擁護』において幾度も言及されるこの「徳」とは一体何であろうか。一見女性の諸権利取得とは関係のなさそうなこの概念が、実はメアリにとって重大な女性解放の鍵となっているのである。

一八世紀後半のイギリスに生きたラディカル政治思想家としてのメアリは、まずはジョン・ロック流の社会契約に基づく人権概念に強く影響されていたことを指摘するべきだろう。彼女は『人間の権利の擁護』において「人間の生まれながらの権利とは、……その人が社会契約において結合させられているすべての他の個人の自由と一致し、そしてその契約が引き続いて存在することと一致する市民的及び宗教的自由である」（Wollstonecraft［1790＝1993 : 7］）、「自然が権威づけ、理性の認める唯一の財産の保護とは、人が自身の才能と勤勉で得られた取得物を享受するために持つ権利である」（Wollstonecraft［1790＝1993 : 24］）と述べているが、これは『政府二論』におけるロックの主張と重なり合う。

しかし、同書でメアリは「理性的な被造物として、改善することのできるという能力によって野蛮な生物の上に立たされた人間たちが生まれたときから相続している諸権利というものがある」（Wollstonecraft［1790＝1993 : 13］）と述べ、直後に万一父が自分の子を奴隷に売ったり理性に反して諸法で束縛しようものなら、自然が子供に善悪の見極めを可能にしつつこの卑劣な拘束を破るよう教えるのだ（Wollstonecraft［1790＝1993 : 13］）、と例を挙げているところから、メアリにとって人間の自然すなわち理性をもち改善の能力を持っていることとは善悪の見極め、すなわち道徳を持つことに等しいと考えていることがわかる。メアリはここでも理性と道徳を関係づけている。いったい、これは何を意味するのだろうか。

メアリが女性、そして人間の「権利」を語るときに「徳」と「道徳」を同時に語るのは、ロックと同様に一八世紀のイギリス政治思想に影響を与えていた共和主義というもう一つの「伝統」によるものである。この「伝統」は、ピューリタン革命時にただ一度だけ君主制というイギリスの国制が崩れたことを受け、政治権力の正統性が問われたときに現れた。以下、ジョン・G・A・ポーコックの議論（Pocock［1983＝1990］［1985＝1993］）に拠りながら、メアリの依拠していた政治思想がいかなるものであるかを見ていくこととする。

周知のようにトマス・ホッブズは契約を結んで国家に統治の全権を委任するのがよいとしたが、この場合、政治権力は契約によって委任されたという事実に正統性をもつとされる。こうしていったん正統性をもった政治権力は、それを委任した人民に対して「法」を通して権利を与える。この「法」とは被統治者にとってはあくまでも外在的な、外から力の及ぶものである。これは中世の自治都市において「都市の空気は自由にする」と言われた「自由」が、領主が法により特権的に与えた権利であったのと同じである。そしてポーコックによれば、ホッブズの時代における「法」と「自由」の関係は以下のようなものであった。

①法によって定義された自由は市民に権利を与えるが、**支配権**への参加を与えないこと（強調原

文、以下同)、

②法は、それが市民に保証する**自由**と、法を執行する君主ないし為政者の**支配権**ないし**権力**を区別すること、

③法は市民を、彼が事物の占有、移転、及び管理における自己の役割を通して獲得する**事物に対する権利**と**事物における権利**のタームで定義すること(Pocock[1985=1993:84])。ホッブズにおける「法」による「権利」はこうして所有者の権利を認めるものであったと同時に、個人を主権=政治権力の正統性とは別物としたのである。

だがわずかな期間とはいえ、クロムウェルのコモンウェルスによって君主制が覆されたのは大きな衝撃であった。そこでホッブズとは全く異なった見方が出現する。ジェイムズ・ハリントンは、「法」に拠らず、人間を本性的に政治的存在と考えた。彼は、「人間という動物には神によって植えつけられた何かが存在するのであり、そしてそれは能動的な自治の実践を全うすることを要求するのだと考えた。そしてこの何か……にたいして、彼はまた「徳(virtue)」という全く重大な名前を与えようとした」(Pocock[1985=1993:78])のだった。ハリントンが想定している政体は古典古代ギリシャ・ローマの共和制である。古典古代ギリシャ・ローマ共和制の文脈の中で、「徳」は公共善への献身を意味した。市民たちが自らの共同体を統治するにあたり、私的ではなく共同体の利害を考慮しなければ共同体は崩壊してしまう。そこで、統治に携わることのできる市民は前提条件として私有財産を保有しており、そこから共同体の利害、すなわち公共善に向けて政治権力を発揮で

きるとされた。ハリントンは古代の共和国に倣って、私有財産をもち、自らが独立している互いに対等な市民が共同体を改善しようとする能力[9]、すなわち「徳」が政治権力の正統性を保証すると考えていた。この意味で、ハリントンはホッブズと異なり人間の理性に信頼を置いていたのである。だがハリントンは理性を「人間の自然状態」に見たロックのように所有を法によって保証させようとはしないし、またそもそも社会契約の概念を用いない。ハリントンにとって人間は何よりも「市民」的存在であるはずだったからである。こうして、政治権力の正統性を「法」に見るパラダイムと、政治的動物としての人間の「徳」に見るパラダイムがピューリタン革命をめぐって一七世紀中に現れた。これがポーコックの言う「市民法学（civil jurisprudential）」パラダイムと「シヴィック・ヒューマニズム」パラダイム（Pocock［1983＝1990］）である。ところで、イギリスの実際の政治は王政復古、名誉革命と結局君主制を維持しつづけた。よってハリントンのシヴィック・ヒューマニズムはその主張の根拠を失ったはずである。ところが一八世紀に入ってアン女王の時代にシヴィック・ヒューマニズムは奇妙な形で復活した。名誉革命は「議会における国王」に政治権力の正統性を置いた革命として理解されたが[10]、一部の人々は国王が議会、特に議員である貴族達に対し「恩顧授与権」を持つことが「腐敗」（corruption）であるとして糾弾したのである。なぜなら、立法権（議会）と執行権（王権）が均衡するためには互いに独立でなければならないが、そのためには王による恩顧授与を排し、議員は独力で国家のための立法をなすべきだからである。このときに議員に必要とされたのが古典古代的な私有財産、つまり土地の所有であり、その所有に基づく「徳」であったのだ。

こうして再び公共善に貢献するものとしての「徳」が復活したのである。こうした主張は主に王の恩顧に与かりにくい地方の地主議員（カントリ）がなしたが、以降一八世紀の間宮廷派（コート）との抗争を展開する。この「徳」と「腐敗」というシヴィック・ヒューマニズムの用語は、アメリカ独立戦争にも影響を与えるほど一八世紀を席巻した。アメリカ合衆国の「独立」とは、王権によって「腐敗」したイギリス議会からの独立であり、アメリカの「自由」は「徳」に基づく支配の自由であり、アメリカの「平等」はそうした共和主義的統治にかかわる者たち相互の「平等」なのであった（Pocock［1985＝1993：140-171］）。

その一方で、一八世紀には重大な変化が起きていた。イギリスは名誉革命後に公債制度を採用し、またイングランド銀行を創設するなど、財産を不動産から動産へと変化させはじめた。また政情安定にともなう重商主義政策により各産業が著しい発展をとげ、産業革命が起こりつつあった。一八世紀半ばにかけて急激に富裕になり、さまざまな文化の花開くイギリスを見た当時の「後進地方」スコットランドの人々は土地所有による「徳」に基づかずとも産業の発達がそれ自体社会と人々に自由をもたらしていることに気づいた。さらに、産業と交易の発達により、他者と「公平に」取引を行う必要性から「商業の法」が生まれ、これが「道徳」となって社会を秩序だてていることも見てとった。土地所有に基づく「徳」はもはや社会の秩序には不要となりつつあった。キリスト教的な奢侈批判も、イギリスの繁栄を眼前にしては有効性を失っていた。スコットランドの啓蒙人——

デイヴィッド・ヒュームやアダム・スミスらは商業の発達による国家の「富」が新たな別の「徳」を生み出していることを、「商業の法」により正当化しようとした。これがいわゆるリベラリズムの誕生であるが、彼らスコットランド啓蒙の「経済学者」にとって、「商業の法」は「道徳」でもあったのだ。

一八世紀イギリスにおける著しい産業発展は、政治思想的には同世紀末までに「商業とそれが生み出す交換の複雑さが、統治がのっとるべき慣習を支配者と臣民に教える」(Pocock［1985＝1993：227］) ほどの政治的大転換を呼び起こしたのである。そして同時に、政治権力の正統性も「商業の法」に求められるようになった。この「商業の法」を支えるのは「作法 (manners)」である。商業や交易による「事物や人格との出会いは情念を呼び起こしそれを作法へと洗練する」と考えた「当時の社会心理学」により、「倫理的な**習俗** (mores)（強調原文、以下同）と法学的な**慣習** (consuetudines) が前者の優位のもとに結合した」(Pocock［1985＝1993：92］) のが「作法」であり、作法はすなわち「法」でもあった。この「法」は商業発展にともない、再び人を「事物に対する権利」と「事物における権利」で定義づけることとなった。「市民法学」パラダイムの復活である。こうして人はおよそ「商業の法」に従うべきものであり、その「法」が認める権利（＝所有権）においてのみすべての人が自由で平等であるとされたのだった。

以上のように、メアリ・ウルストンクラフトが生きた一八世紀末のイギリスでは「自由」「平等」について二つのパラダイムが混在していた。むろんその後勝利を収めたのが「市民法学」パラダイム＝リベラリズムであることをわれわれは知っている。だが、メアリが『女性の権利の擁護』を語る用語はどちらかと言えば共和主義、シヴィック・ヒューマニズムのものであることは明らかである。彼女は理性と徳と知識が個人を卓越させ社会を束ねる諸法則を示すものだと考えていた（VW, 12）が、これはハリントンの「徳」概念と重なるものである。個人が徳を身につければ、社会を公共善に向けて改善していくことができるのだ。ここから彼女が「義務」を主張することも理解できる。「徳」は公共善への献身を要求するものであるから、そこから「義務」が生まれるのである。

メアリの主張した女性の「義務」は「まず自身に対して理性的な生物であること、そしてここが重要な点なのだが、市民（citizens）としての第二の義務は、多くの事項を含むのだが、母親の義務」（VW, 145）であり、現在の視点から見れば良妻賢母イデオロギーとして斥けられようが、「人間は宇宙の縮図と言われてきた。そしてそれぞれの家族もまた国家と呼んでよいだろう」（VW, 177）と考えるメアリにとって、家族は公共善にかかわるものであり、また女性が排他的に家庭にかかわるべきものではなかった。

私の描く結論は明白である。女性たちを理性的な生物、かつ自由な市民とせよ。さすれば女性たちはたちまち良き妻、良き母となるであろう。――もし男性たちが夫や父としての義務をなおざりにしないならば（VW, 178）。

よき社会を構想するにあたって、家庭は次代の市民を育成する重要な領域である。したがってメアリにとっては、男女ともに徳を備え、家庭において公教育とともに徳に基づく教育を子供に与えることは公共善に奉仕する重大な「義務」なのであった。こうして義務を果たす女性は、先述のとおり「民法による保護」(VW, 146) に値するのである。

このような「義務」を果たすことによる「法の下の権利」は、シヴィック・ヒューマニズムのパラダイムと市民法学パラダイムの前者の優位に基づく結合と考えられよう。メアリにとっての「自由」は確かに生まれながらの権利としての市民的宗教的自由であったが、それは実のところ「生まれながら」に有する権利ではないのだ。その権利を有するには、まず「徳」を備え、公共善に貢献しなければならないのだ。メアリにしてみれば、「徳」をもたない者に「自由」は認められないのである。しかし彼女は同時に「女性全体の進歩と解放」(VW, 175) を語ろうとした。これはすべての女性(そして男性も)が等しく進歩するということであり、この意味においてすべての女性(と男性)は「平等」でなければならない。ここにメアリの言う「平等」がある。彼女にとっての「平等」は、「法の下の権利」における無条件の平等ではない。

『女性の権利の擁護』の第一章で、メアリはすべての人間が等しく理性を保持することを本書の第一原理として掲げたのであった。すなわち、メアリにとっての「平等」とは、すべての人が理性を持つ以上、「徳」を修得できるはずである、という可能性における「平等」[11]なのである。彼女にとってあくまでも重要なのは理性に基づく「徳」によって公共善に貢献すること、すなわち良き社会を作ることであった。したがって、彼女にとっての「自由」は権利としての「自由」である一方、社会を作り替える「自由」であるのだ。だからこそ彼女は当時の議会制における選挙権を求めるのではなく、女性が代議士となれる全く新たな議会を求め、そこから新しい社会を築こうとしたのであった。

　メアリが「法の下の権利」ではなく「徳」に基づく「自由」を追求していたことは、彼女の「作法」に関する議論からも明らかである。メアリは「作法（manners）と道徳は大変緊密に結びつけられてきたのでしばしば混同されている。しかし作法は単純に道徳の自然な反映であるべきなのに種々の原因で不自然かつ腐敗した（corrupt）作法が生み出されると、幼児期にそれにとらえられ、道徳性は空虚な名ばかりのものとなってしまう」（VW, 4）と述べ、「作法」に「道徳」が先立つべきであるとする。

　さらに、「道徳」については「もし我々がより高い進歩とより高い達成を熱望するならば、道徳感情の基礎として自分たちを他者の目から見られていると考えるように見ることが巧みに議論されているけれども、それでは不十分なのだ」（VW, 135）と、アダム・スミスの『道徳感情論』における「シンパシー」や「仲間感情」を批判する。(12)

　メアリにとって、リベラリズムの言う道徳としての「作法」は受け容れ難いものなのだ。

徳が自由によって育まれない限り、しかるべき力を得ることは決してないだろう、ということに道徳家たちはこぞって同意してきた。私は彼らが男性について述べていることを人類全体に拡大し、どんな場合でも道徳は不変の諸原理によって定まらねばならない、そして理性の権威以外に従うどんな者も決して理性的とも徳があるとも言えないのだ、と主張する（VW, 191）。

道徳は「徳」から生み出されるものなのである。そしてこの「徳」を身につけ、「今こそ女性の作法に革命をもたらすべき時――女性たちに失われた尊厳を取り戻すべき時である。そして女性たちに、人類の一部として世界を改革するために女性たち自身を改革するよう努力させる時である。今や不変の道徳と局所的な作法を分離するべき時である」（VW, 45）と、メアリは従来の「作法」に拠らず、女性が自分と世界を変革させるために女性自身で女性のあり方を決定づけるよう、強く求めるのだ。これこそがメアリの考える「自由」なのである。

メアリの言う「徳」がシヴィック・ヒューマニズムの用語による「土地所有に基づく徳」を「理性」基盤に置き換えたものであることは明白である。メアリが人間はおよそ理性を持つ存在であり、そこから「生まれながらの権利」も持つと考えていたことはリベラリズムと重なり合う。しかし彼女は富が道徳となるような「作法」を生み、「商業の法」として世界を安定させるとは考えられなかった。彼女にとって財産を持つこととは誤った尊敬、すなわち悪徳を生み出すことであった。だが、シヴィック・ヒューマニズム的徳の前提である土地所有も彼女には不平等の源泉であり、『人間の権利の擁護』では「共有地が囲い込まれるときは必ず金持ちの財産を増やすための議会制定法ができるのだ！」（Wollstonecraft［1790＝1993：61］）と強く批判する。彼女にとって土地所有は「徳」を生み出すものではなかった。[13]

メアリは「徳」というシヴィック・ヒューマニズムの用語を使いながらも、理性の平等の点でリベラリズムに近づいていたが、結局彼女にとっての女性解放は「法の下の権利の平等」ではなかった。彼女にとって何より大切なのは女性が女性自身をコントロールすることにより社会をコントロールするという「自由」を得るということであった。このためには当然女性が「女性であること」の意味づけを行わなければならない。メアリは「女性であること」の意味を「良き妻、良き母」に見ていたが、これは性別役割を追認するというよりも、社会を改革するために当時の社会から与えられた「女性であること」の意味をも変革することを意味したのである。よりよい社会を作り出すために、女性は自ら「女性であること」の定義づけを行わなければならない。これこそがメアリの言う「徳」であり、「義務」であると同時に女性の「自由」でもあったのだ。メアリは女性の解放が同時に社会の革命であると語ったのである。

以上のようなメアリ・ウルストンクラフトの主張は、前述のようにリベラリズムの歴史的勝利にともない「法の下の男女の権利平等」を追求するものとして読み替えられてしまった。メアリ以降のフェミニズム思想／運動の歴史は「法の下の男女の権利平等」に走っていった。メアリの主張も著作のタイトルに引きずられてか、「女性の法的権利」を擁護するものと理解されるようになり、既存の「法」に女性の名を書き加えさせることを追求するものであると考えられるようになった。

前述の通り、参政権をはじめとする女性の法的権利要求運動である第一波フェミニズム運動の思想的基盤として『女性の権利の擁護』は読まれたが、ここではすでにメアリの「徳」の主張、すなわち「女性であること」の定義づけを「女性」と名ざされる者たち自身の手にゆだねるという主張は消え去っている。リベラリズムに基づく女性の解放とは既存の「法」、すなわち「男性とはこうあるべきである」という男性の決めた「法」の示す「男性」とそこから抜け落ちている「女性」を掬いあげたうえで等号で結ぶことであり、もって男女を平等とするものである。よってメアリが望んでいたような「女性」のありよう、「女性であること」を自ら定義づけ、新たな社会、新たな女性差別的でない社会の「法」を作り出していく女性のありようはここからは望むべくもない。強固な社会の「法」を崩し去る可能性さえも孕んでいたメアリの「徳」の主張は、リベラリズムの浸透とともに捨てられてしまったのである。

だが、このリベラル女性解放論の捨てたもの、すなわちメアリの言う「徳」こそが現代のフェミニズムにおいて求められ生き続けるものなのではないだろうか。それぞれの時代、それぞれの社会によって「女性であること」の定義づけは変化するし、また異なっている。だが、「女性であること」の定義づけ、すなわち「法」から「女性」と名ざされる者たちに不当が起きているのであるから、その定義づけをするという行為そのものが「女性」の手に取り戻されるべきなのだ。「女性であること」を当の「女性」たちが構想できないことこそがまさに性差別なのであり、これを取り除くことが「女性」の解放ではないのだろうか。ただし、その定義づけがいかなるものであるかはおそらく時間と空間に開かれつづけるのであろう。社会は刻々と変化する。また「女性」たちが直面している状況も種々多様である。その中で「女性」をいかに定義づけるかは時間と空間に「平等」に開かれるべきなのである。このように、「女性であること」を「女性」たち自身が構想しつづけることが可能になることこそが「自由」なのではないだろうか。フェミニズムの問いは開かれつづける。メアリ・ウルストンクラフトは次のように書いたときすでにフェミニズムという思想の行く末を見ぬいていたようにも思われる。

ルソーは、もともとはすべて**正しかった**（強調原文、以下同）のだと証明しようとする。多くの著者たちは現在すべてが**正しい**のだと証明しようとする。そして私は、すべてが**正しくなるであろう**と証明しようとしているのだ（VW, 15）。

注

（1）むろんここで同時に問題となるのは、解放されるべき「女性」とは何（誰）か、ということだ。第二波フェミニズムの、特にブラック・フェミニズムや第三世界フェミニズムの出現以降、「女性」という語に唯一の指示対象が存在するわけではないことが明らかになり、逆に「女性」という語に唯一の指示対象を想定するようなフェミニズムは抑圧的であるとの批判がなされてきた。この問いに直接答えることを私はしないが、本稿がその答えを示唆するものであることを願っている。

（2）当時のイギリスでは、財産はすべて長子相続であり、妻となった女性には一切の財産権が認められていなかった。結婚以前に所有していた財産も、結婚後は夫のものと見なされたのである。したがって、財産が運良く女性に配分されない限り、女性は経済的に必ず父、夫、もしくは息子に依存することになるのだった。その依存からの脱出口である女性の職業はほとんど開かれておらず、極めて低収入の、ほぼ自立困難な状態になることを意味した。

（3）以降、『女性の権利の擁護』からの引用は、Carol H. Poston (ed.) *A Vindication of the Rights of Woman*, W.W.Norton & Company, 2nd ed. 1988 のページ数により、VWという略号を用いて行う。

（4）メアリは『人間の権利の擁護』の中でも庶民院（下院）議員であったバークへの批判として以下のような議会批判を行っている。「あなたは動きの悪い腐敗（corruption）の車輪が常に勤勉な貧乏人たちの汗という油、彼らから止むことない課税によって絞り取られた油を注油されているのを見たに違いなかった。庶民院のメンバーの大多数がしばしば王によって買収され、人民が彼ら都合良く操作された議員団の腐敗した声に強要された金の影響力に抑圧されたのに気づいていたに違いなかった。／優秀な人物は地元でのなんらかの利害がない限り協会でも軍隊でも地位が上がらないこと、そしてくだらない税収官吏の地位さえ選挙運動の利害によって守られていることを知っていたに違いなかった」（Wollstonecraft[1790＝1993 : 21]）。

（5）メアリが自身の「白人中産階級女性」としての特権性をどの程度自覚していたかは定かではない。むしろ、彼女の示す解放された女性像が中産階級家庭を想定している（VW, 142, 190）ことからも、彼女の女性解放論が「ブルジョワ解放論」であるとされる批判は当たらないとは言えない。だが、イギリスで既に一七七〇年代から始まっていた奴隷制廃止論にメアリは強く共感しており、『アナリティカル・レヴュー』誌でも奴隷制廃止論に関する書籍の批評を行っている（Ferguson［1996］）。彼女の人種差別に対する態度はこの引用文面を見る限りでは両義的だが、社会全体の改革を主張する『女性の権利の擁護』の主旨から言っても、また『人間の権利の擁護』に記された中上流階級女性の黒人奴隷に対するうわべだけの同情への批判（Wollstonecraft［1790＝1993：47］）からも、メアリが「階級」（rank）に基づく不当な差別をすべて撤廃しようと意図していたことは間違いあるまい。

（6）『『女性の権利の擁護』の著者の思い出』には、メアリが産んだ子供が二人とも婚外子であったこと、失恋による二度の自殺未遂、臨終時に宗教的な言葉を言わず「無神論者」的であったことが事実に忠実に記され、メアリが性的に放埒な、道徳的に頽廃した女性であるとの評判を生み出した。

（7）　このペネルの女性の権利に関する解釈がジョン・スチュアート・ミルの古典的リベラル女性解放論である『女性の隷従』（*The Subjection of Women*, 1869）のそれと重なり合うものであることは注目に値する。ミルは女性の職業については以下のように述べている。「たとえ我々が女性なしでやっていけるとしても、女性たちに正当な名誉と名声との正当な分け前を拒否したり、もしくは、彼女らの好みに従い、責任を自ら負ったうえで（他者の危害にならないように）彼女らの職業を選択するという人類すべてに平等で道徳的な権利を彼女らに認めないことは正義と一致するだろうか？」（Mill［1869＝1994：353］、むろんこの疑問文は反語的疑問である）また、政治など公的職務への女性の参加については、「たとえ少数の女性とは言え彼女らはこうした公的職務に適するのであろうから、こうした例外的女性に門戸を閉ざす法律は女性一般の能力について主張されるどんな意見によっても正当化されるはずがない」（Mill［1869＝1994：354］）と法の下の権利平等を主張している。

ちなみに、Sapiro［1992：299］によれば、ミルはオーギュスト・コントからの彼宛の手紙にウルストンクラフトの名が記されているのを見ているようだが、『女性の権利の擁護』を読んでいたかどうかは不明であり、ミルがウルストンクラフトの女性解放論の影響を受けているとは考えにくい。しかしペネルはメアリ・アステル（一七世紀イギリスの上流階級女性で、理性を男女平等の根拠とした）をメアリ・ウルストンクラフト及びジョン・スチュアート・ミルの女性解放思想の先駆者であると述べており（Pennell[1892 : xxii]）、ペネルにとってウルストンクラフトとミルは同じく「女性の法的権利」を主張する女性解放論者であったように思われる。

（8）日本においては、女性解放論者としてのウルストンクラフトの紹介は明治期には始まっているが、いわゆる「女権運動」の先駆者としてのものとなっている（白井[1980 : 402]）。社会主義女性解放論者であった山川菊栄は、ウルストンクラフトを「資本主義社会の肯定に出発し、ただそういう社会の内部において、いかにして婦人により多くの権力を持たしむべきかの一点にもっぱら精力が集中されている」ような「旧来の女権運動」の論者としており（山川[1918＝1984]）、日本でもウルストンクラフトがリベラリズム的解釈により受容されたと考えられる。

（9）こうした、私有財産を持ち自らの生存に他への依存がないという点で各市民は対等すなわち「平等」であり、公共善に向けて自らが共同体を改善することができるという点で「自由」と考えられたのである。

（10）名誉革命を議会制の正統化として理解する人々を「ウィッグ」と呼び、君主制の正統化として理解する人々を「トーリー」と呼んだ。議院内閣制の出現など、一九世紀に至ってイギリス政治では「ウィッグ」の理念が勝利することとなった。

（11）ここに、メアリの女性解放論の矛盾を見ることもできるだろう。「可能性における平等」である以上、結局は「徳」を身につける可能性の高い中産階級以上の人々がメアリの想定する解放の対象ではないか、と。事実、先の注（5）で挙げた点以外でも、メアリは序章において、「女性たちにより確固とした声で語りかけるために、私は中産階級の女性たちに特別注意を払う。なぜなら、彼女らが最も自然な（natural）状態にあるように思われるからである」（VW, 9）と述べている。だが、続けて「恐らく誤った洗練や、不道徳や、虚栄の種は、上流階級の人々によってこれまで蒔かれてきたのだろう。……富裕な人々になされる教育は、彼女らを無為で無力にする傾向があり、発達しつつある精神は人間の性質を高貴なものとする諸義務の実践によって強められることがない」（VW, 9）と述べていることから、メアリのここでの主旨は中産階級女性の解放というよりもむしろ、上流階級女性に施される「誤った」教育の批判であり、そうした誤った教育によって「腐らされていない（not be corrupted）」女性たちにメアリは解放の可能性を見たと考えられる。だからこそ第一二章「国民教育について（On national education）」で事細かにすべての人々に「徳」を身につけさせるためのプログラムを語ったのである。

注(5)でも述べたように、メアリが自身の立場についてどの程度自覚的であったかはいくらでも疑問視できる。また、彼女の「一八世紀末の没落した白人中産階級女性」という立場のもつ限界を指摘することも容易である。しかし、『女性の権利の擁護』を読み直すという本稿の目的は、彼女を歴史の一点に置いて眺めることではなく、それを越えて現代に通ずる問題を彼女が提起していることを汲み上げる点にある。「ブルジョワ女性解放論」「リベラル女性解放論」として位置づけられてきた『女性の権利の擁護』が、そうした既存のレイベリングに収まるものではないことを本稿は示したいと考えている。

(12)　メアリは文中「道徳感情の基礎」の箇所に自身で「スミス」と注をつけている。スミスの『道徳感情論』は『女性の権利の擁護』の計五カ所で引用されているが、いずれにもメアリは好意的な判断を示していない。

(13) その一方で、メアリは土地所有の分割を訴える。「なぜ巨大な私有地は小さな農場に分割されることができないのだろうか？……なぜ勤勉な農民たちはヒースの茂る荒れ地から農地を掠め取ることを認められないのだろうか？。こんな光景を私は見たことがある。子供達の栄養を支える雌牛が小屋の近くで草を食み、元気のよいアヒルや鶏たちが丸ぽちゃの幼児達によって飼われていた。こんな子供達はさわやかな空気を吸っており、都会の病気や害悪からは程遠かったのである。独裁的な統治はこんな希望をすべて枯らしてしまう。徳は平等な人々の間にしか繁茂することができない」(Wollstonecraft[1790＝1993：61])。この記述から読み取れるのは、メアリがいわゆる「カントリ」的な共和主義的「徳」の基盤である大土地所有を不平等なものであるとして批判し、「徳」がすべての人々に行き渡るよう自らの生存を他に依存しないために必要なだけの平等な土地所有であればかえって認められるべきものであったということである。そういう意味で、彼女にとって「大土地所有」は徳を生み出さないが、「平等な土地所有」は少なくとも農民たちにとって徳を生み出すものであった。この点からも彼女がシヴィック・ヒューマニズムの影響を受けていることがうかがわれる。

II

第四章　性の商品化とリベラリズム

――内容批判から手続きへ――

瀬地山　角

1　性の商品化をめぐる言論状況

江原由美子編『フェミニズムの主張』で「よりよい性の商品化へ向けて」（瀬地山［1992］）との論文を書いてから、すでに一〇年近くが経とうとしている。こんなことを書いたら就職がなくなるのではないかと内心おびえながら、あの論文を書いた院生の頃の自分を想い起こす。この間にさまざまな批判に出会い、さまざまな議論を経験した。最大の変化はセックスワーカーという言葉が少しずつ流通するようになり、日本の中でも性を売る人たち（主として女性）の側が声を上げるようになったという点にあるかもしれない⑴。

一方ある意味では、批判はほぼ予想された範囲のものだったし、また一〇年前に一〇年もすればもっと変わっているに違いないと予想したほどには、現在の言論状況は変化していない。一〇年前の論文以来ゆっくり考えてきたことを、展開することにもまだ意味があるように思われる。

本稿で私がやりたいのは、性の商品化に関する議論を、もう一度簡単に整理した上で、ある種のリベラルな立場から、どのような規制の議論が可能なのかを探っていくことである。ここでいう性の商品化とは「性にまつわる行為、情報が商品という形で流通すること」と定義しておこう。これは私がことあるごとに強調している点だが、私は別に現状の性の商品化をすべて肯定すべきだとか、もっとおしすすめるべきだと主張したいのでは全くない。また買う側を無条件に擁護しようとしているのでも決してない。その一方で、性の商品化が原則的によくないとか、禁止すべきだと考えているのでもない。そうした一般的な是非論ではなく、性の商品化にともなうさまざまな問題点を極力減らしながら、現状よりも安全で害の少ない性の商品化というのが、現代の社会の中でどういう形で可能なのかを探りたいと考えているのだ。一足飛びに理想論を掲げるよりも、具体的な提案にできるような形に最終的には持っていきたいと考えている。本稿はそのための基礎作業である。

2　性の商品化批判のパターン

性の商品化を批判する立場にはいくつかのパターンがある。それらについて簡単に整理をしながら、性の商品化をめぐる論理の綾を解いていくこととしたい。繰り返しになるが、私はこうした批判がナンセンスだと主張したいのではない。こうした議論の中には私自身も賛成できる点がいくつかあるし、また個人的には賛成しないにしても、そうした考えを持つこと自体は尊重されてもよいと思われるものもある。そうしたものの検討を含めて、議論を活性化させていきたい。以下では代表的な四つの類型について主として論じることとする。①性に関する保守主義、②性に関する近代主義、③性差別批判、④犯罪批判の4つである。①・②が特定の性規範に基づく批判、③が内容に関する批判、④が性犯罪などの付帯効果に関する批判、と考えることができる。このほかの批判として、商品化というレベルでの資本主義そのものの批判や近代社会の構造としての批判といったものがあり得るが、ここでは紙幅の関係で立ち入らない。

①性に関する保守主義（性非公然性の原則／隠されるべきものとしての性）

一つはまず性を隠すべきもの、抑制するものとして考えるという立場がありえる。そしてそれはしばしば宗教的な原点を持つ。欲望を統制するという行いは、多くの宗教の中で望ましいこととされる。これは放縦や単純な欲望充足を抑制して、自身を統制することが、難しいとともに尊敬を集めるからであろう。かといって食欲や睡眠欲を完全に統制しては、生存自体が成り立たないので、(一定期間の)断食や修行、肉食の禁止といった形で妥協する。性欲の場合には、抑制をしても個体の生存には影響しないので、仏教の僧侶の一部やキリスト教の修道院のように、それを完全に抑制するということも起きる。ただそうした達人倫理を一般にまで広めることは不可能なので、生殖のための性を認めた上で、性を極力抑えるという倫理が生まれるのであろう。カトリックのように性を生殖との関係で認めるという立場はこうして理解することができる。性=生殖と呼んでもよいだろう。

日本を含む東アジアの場合は、父系の家族による継承線が非常に重視されるため、キリスト教よりはそうした家族形態に起因する性に関する抑制が存在する。父系の家族にとって外部の存在である女性が、性的に放縦であることは、家系にとって全く血縁のない子供を育てるというリスクを生み出すために、極力避けられなければならない。そこから女性の性が生む性として、つまり生殖のための性としてとらえられ、一般的に女性の性にたいして非常に強い抑圧的な抑制をかけることになる。儒教の持つような貞操への強い関心はこうした背景を持つものである。また父系の社会では男性の性にかんしては子どもを生むという要請から妾をかかえたりして、必ずしも特定の関係の中に限定される必要はなく、女性の場合にのみ非常に強い貞操が要求されるというダブルスタンダードが生まれる。こうした女性の性に対する強い抑圧は、双系制や母系制のように、女児が親元に残り得るような社会では、比較的弱くなる。

どういった宗教的原点を持つにせよ、これらはいずれも性について、それが公然と流通することに原理的に反対し、そこからの逸脱を強く批判する。性が非公然とされることには多くの場合教義上の根拠が存在するが、逆に言えばそれ以上の理由はない。教義の外から見れば、「ダメだからダメ」ということに限りなく等しい。こうした性の非公然性を当然視する立場は、正しい意味で保守主義と呼ぶことができるだろう。

ちなみに現代のフェミニズムによる性の商品化に対する批判では、このパターンを取ることは少ない。ウーマンリブ以降のフェミニズムはむしろこうした道徳的保守主義に対抗して、女性の性の自由を確立するという役割を担ってきたからである。永田えり子[1997]の、「性が非公然のものである」ということを前提とする性の商品化批判は、したがってフェミニズムとしてはむしろ珍しいといってよい。彼女の議論はもちろん単純な保守主義ではないが、フェミニズムがこうした道徳を前提にした批判方法を採用することは、その議論が道徳的保守主義に絡め取られる危険性をはらんでいる。

②性に関する近代主義（性＝人格（結婚 or 愛））

a　性＝結婚

これに対し近代以降の家族形態はプロテスタンティズムと共鳴しながら新たな性観念を生み出し

ていく。ショーター〔1975〕流の近代家族とは一言でいえば、情緒に基づく結合と性役割分担の二つを特徴とするものである。そして近代家族の一般化は従来の親族や共同体によって決定されるような結婚とは異なる、愛に基づく結婚の一般化と対応する。さらにそれが結婚に結びつく愛と共鳴する範囲での性の肯定を生み出すのだ。新たに生まれてきた核家族の中では女性が家庭を聖的な空間にするものとしてとらえられ、家庭を聖なる空間にするという要請から、性は結婚を基礎とする愛と共鳴するかぎりにおいて許されるのである。

こうして生まれた恋愛結婚は、階層の平準化や結婚に関する親の発言権の低下にともなって、さまざまな社会に広がっていく(2)。結婚は家格や親の財産の多寡によって決められるのではなく、当人同士の人格的結びつきによって決められるものとするのが、近代家族の前提とする結婚観で、それに基づいて愛し合う夫婦の間での性が肯定される。逆に言うとそこからはみ出る売春や浮気などの現象は強い批判の対象となるのだ。①で述べた父系社会を背景とする貞操が典型的には女性に対してのみ適用されるのに対して、ここでは夫婦ともに要求される。一対一の関係を強調することで、そうした貞操の男女平等が基本となるのである。

日本の場合は恋愛結婚の普及が近代家族の誕生よりも少し遅れることが一つの特徴となる。近代家族は大正期の都市家族の中に生まれていたにもかかわらず、父系血縁の影響が強かった戦前日本の家族では、親の発言権が非常に強いために恋愛結婚のような当事者の合意に基づく結婚は普及しなかった。日本で恋愛結婚の比率がお見合いを上回るのは一九六五年のことであり、高度成長期の人口移動を経て、若い男女の身体が親の拘束から自由になったこと、一九五九年に天皇家が「恋愛結婚」を宣言したために恋愛結婚を「野合」とするような批判が封じ込められたこと、などが要因としてあげられよう。(3) 高度成長期に結婚していく戦後世代以降から、こうした性を結婚と結びつけて考えるような近代家族的な性愛観が一般化する。いわば性＝結婚という感覚である。(4)

b　性＝愛

その子どもくらいの世代に共有されているのは、性が結婚の外にあっても、愛情に基づいていればよいという感覚である。これは現在の三〇代以下の若年層では、女性を含めて多数派を形成する。一対一の関係に対するこだわりは維持されている一方で、結婚の前にセックスが行われることについては、四〇代以上のような抵抗感は持っていない。これはＮＨＫのランダムサンプリングによる全国調査（性に関する実態調査）でもはっきり示すことができる。図１（女性）・図２（男性）に見るように、未婚女性のセックスに対して、三〇代以下の八割以上が肯定的なのに対して、特に女性の四〇代以上で急に否定的な考え方が増える。これは現実の行動にも裏打ちされていて、現代の若年層にとって、結婚前にセックスが存在すること自体はほとんど当然のこととなっている。初体験の相手が、当時どういう関係にあったかを問うた設問に対して、三〇代以前では男女とも恋人の比率が圧倒的に高くなる。女性では四〇代以降で配偶者（つまり結婚するまでセックスをしていない）と答える人の比率が急増するという分布を示し（図３）、逆に言えば三〇代以下では一世代前には存在したような処女性に対する評価は、ほとんど意味を持たなくなったことになる。処女性は、父系血

図１　未婚女性のセックスに対する態度

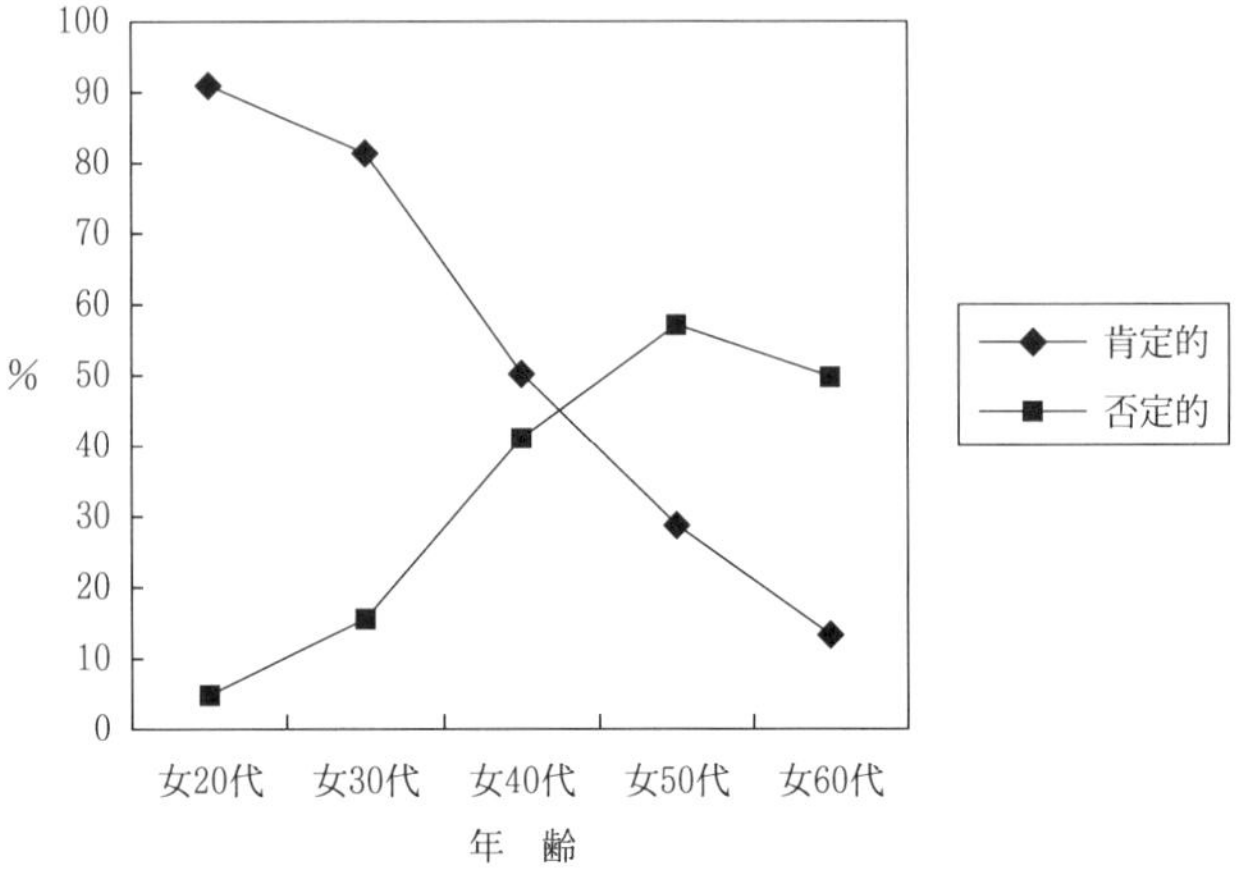

図２　未婚男性のセックスに対する態度

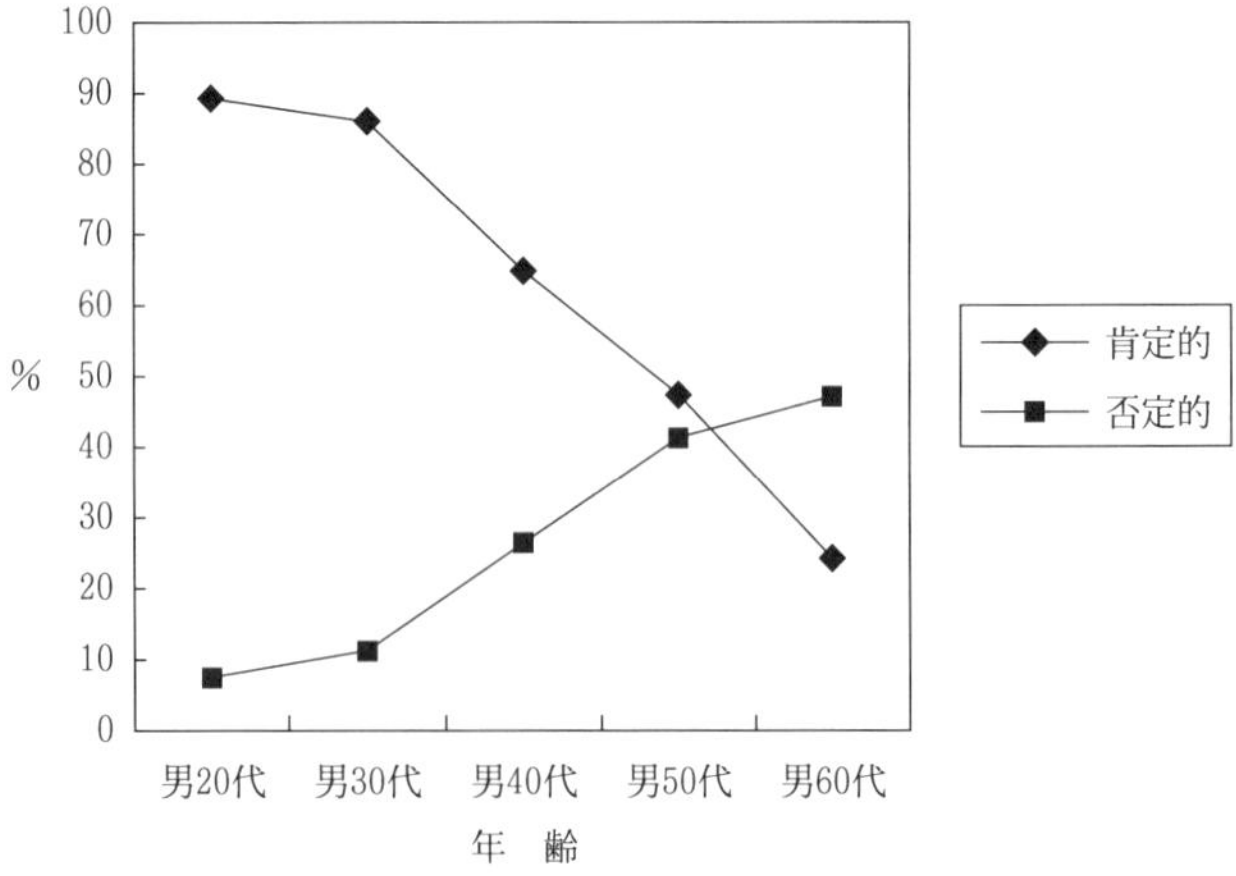

図３　女性の初体験相手の変化

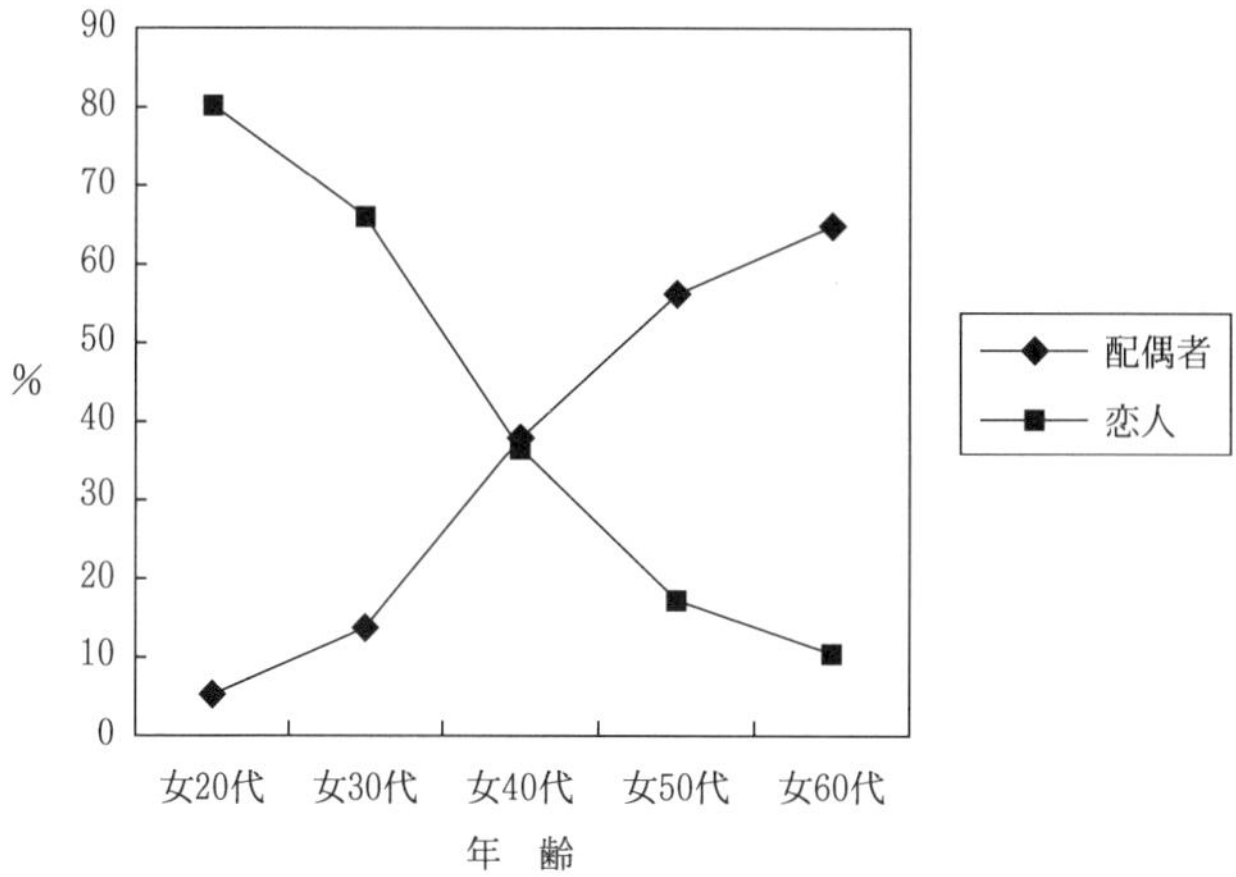

図４　男性の初体験相手の変化

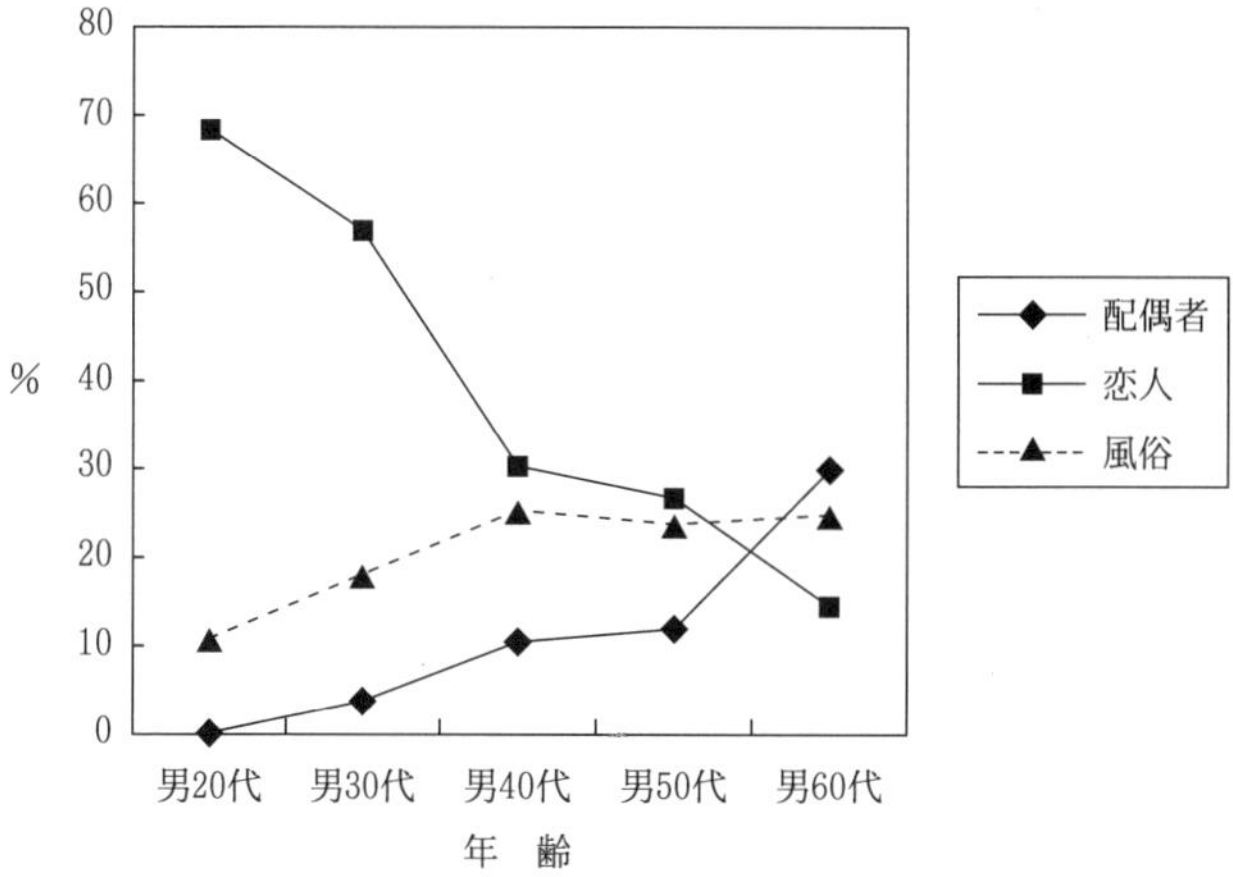

縁の「家」から見たときに、身持ちの堅さを証明する材料だったとすれば、そうした「家」的な結婚観の弱体化が、処女性に対する評価を無意味化させていったことは、十分理解可能だろう。一方男性では、四〇代以上で配偶者と並んで風俗の比率も高く、これらがいずれも三〇代以下で急減する（図4）。男性にのみ性を買うことを許容するような二重基準の世界から、恋人同士でセックスをする関係へと変化したことがはっきり読みとれるのだ。

高度成長期に一般化した性観念が性＝結婚とすれば、こうした感覚は性＝愛と呼んでいいだろう。性＝結婚と性＝愛とは、極めて異なる側面を持つ一方で、ある種の共通性も持っている。結婚前の性交渉に対する立場は、全く異なるため親子間の対立の原因となるわけだが、一方で性に強い人格的な意味を付与して、そうした人格的関係があるときにのみ、セックスを肯定しようとするという点では、性＝愛は性＝結婚と同じ基盤を持つ。浮気や不倫のような一対一関係からはずれるものに対して、否定的であるという点が、この基盤を象徴している。セックスは、普段人にはさらさない体の部位を人に見せる行為であるから、多くの場合羞恥心や危険をともなう。そしてそうした秘密にともなう羞恥や危険を解除するために、特定の一人との安定した関係という条件を必要とするのだろう。(5)

要するに性＝結婚にせよ、性＝愛にせよ、性が個人の人格と不可分のものであると考え、したがってセックスもそうした人格を共有し得るような関係に対してのみ、許されると考えるという点では、共通なのである。こうした性＝人格、と呼び得るような立場は、性に関する近代主義、と考えることができる。

一方、性に関してそうした人格的な意味づけを必要としないと考える人たちも存在する。これについては瀬地山［1997］で論じたが、一対一の排他的な関係を前提とせずに、楽しいセックスができればいいといったような意味づけを持つ人も少なくない。図6で見るように、若者が婚姻前のセックスで「愛」を必要な要件としない比率は、社会によっては3割程度にまで高まる。性＝愛における、「愛」の持続期間が徐々に短くなり、「一晩」になればこれとほぼ同じだと考えることもできる。その意味でも現代日本で主流の「性＝愛」といった感覚は普遍的な正解であるわけではない。

また「子ども」を性的に別の存在として、そのことを理由に性の商品化を批判する議論もある意味はこうした近代主義のパターンといえる。子どもが家族の中で「小さな大人」ではなく「子ども」として発見されるのは近代の現象であるし、さらに教育期間が延びたことで、性的成熟と親への従属とが並立する青年期という時期が一般化するのは、さらに二〇世紀に入ってからの出来事である。その意味で、子どもの性を管理するという問題自体が、極めて近代家族的な現象であり、また子どもを性的に白紙の存在と仮定する前提も、近代家族のイデオロギーといってよいだろう。(6)

フェミニズムによる性の商品化批判は、こうした「性＝人格」といった議論としばしば共鳴する。「売買春は、性の交流に金銭を介入させて、最も人間的側面である性、精神的な要素を含む相互一体化、両者の人格を問う性関係を否定するものである」［林1990：9］という表現にそれはよく表われている。また性労働を労働ではないと考えるフェミニズムの一部の主張もこうした観念との交錯に

図5　戦後日本の強姦認知件数

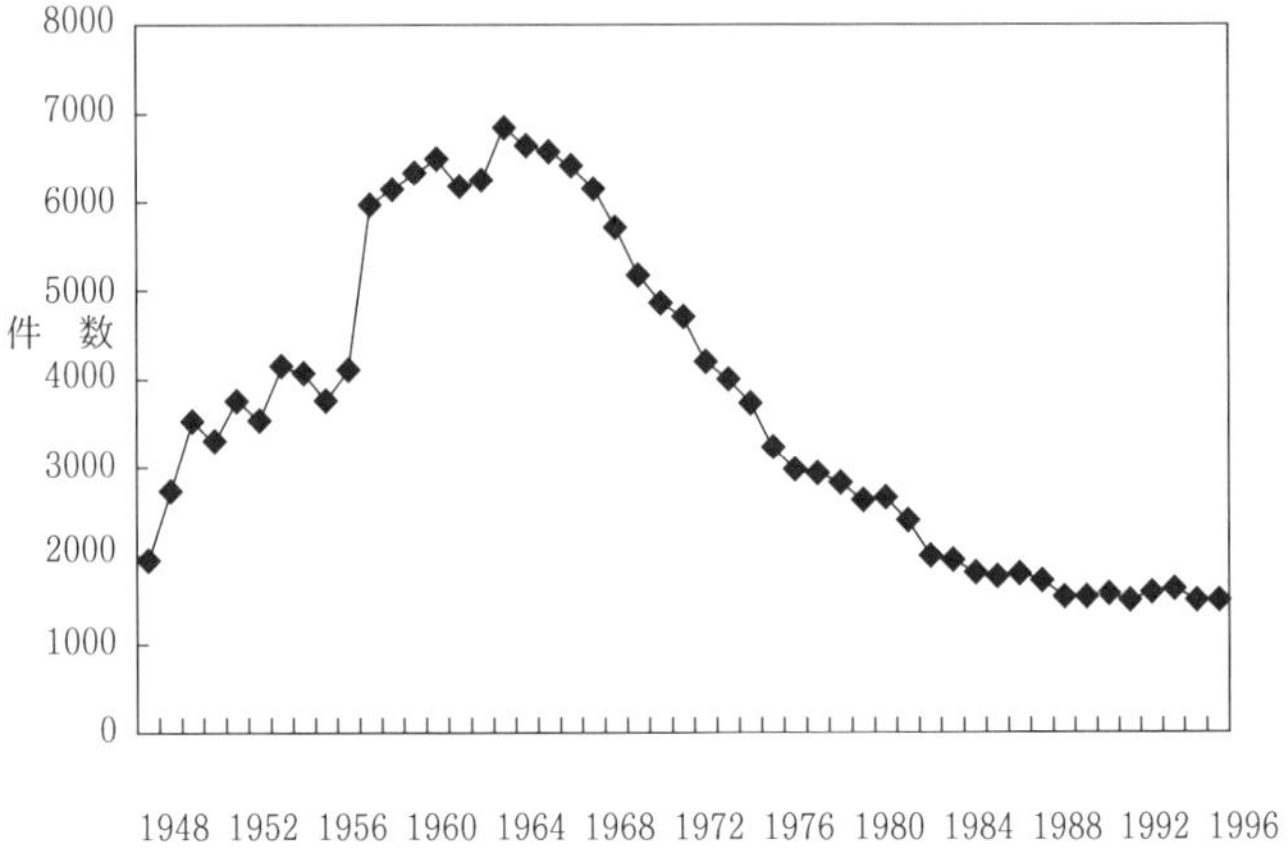

図6　結婚前の性交渉

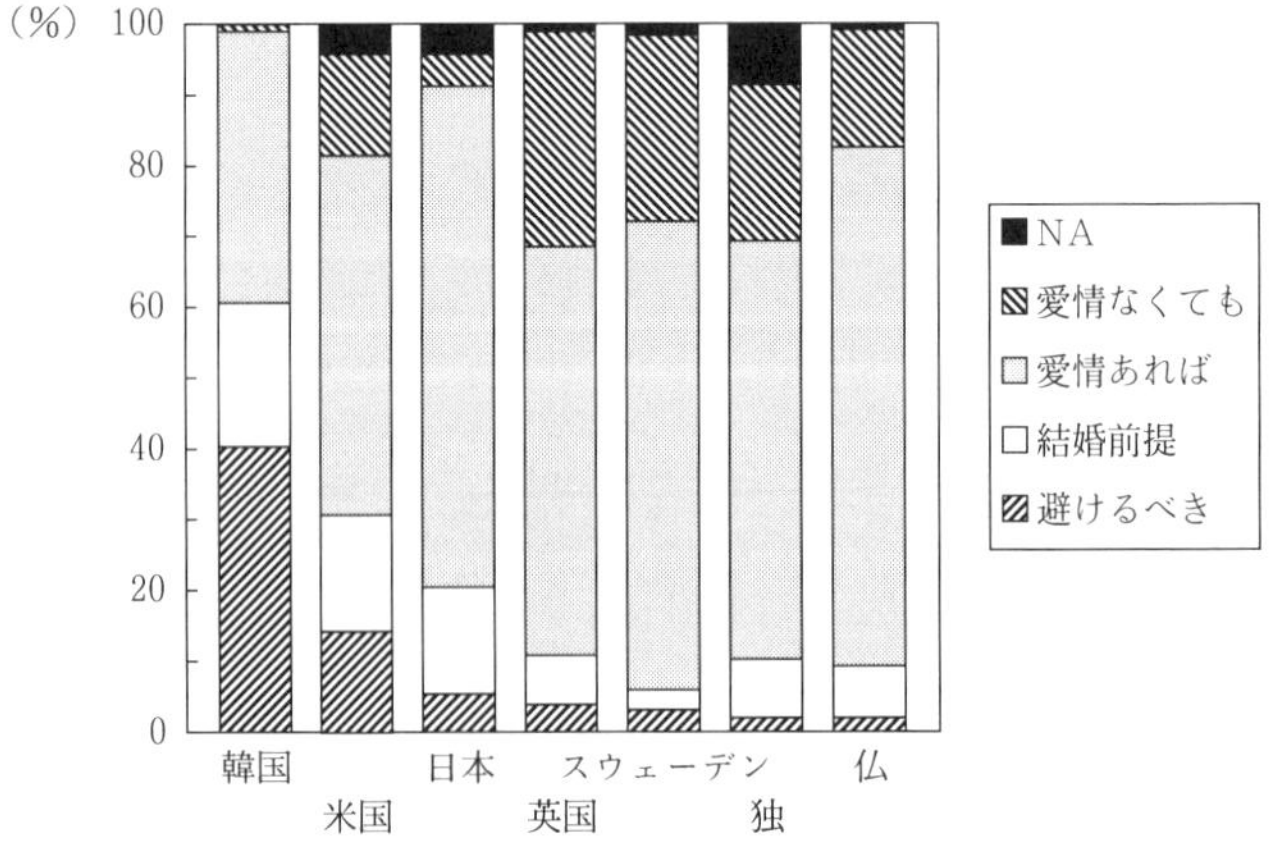

起因する部分があるといえるだろう。性労働が他の労働と比べてなにか特殊なものである、と主張できるためには、言い換えれば、患者の体を拭く看護婦の労働と顧客の性欲を満たすセックスワーカーの労働が決定的に違う、と言えるためには、性が金銭などによって売買されるべきではない人格的要素である、との前提が必要と思われるからである。

しかしこれはフェミニズム固有の批判の仕方ではない。いわば近代家族的な性愛観が、この時代の人間に共有されているために起きる現象であって、フェミニズムから論理的に導き出される批判では必ずしもないだろう。フェミニズムがこうした特定の性規範を暗黙のうちに前提してしまうことは、逆に女性をそうした特定の性のあり方にはめ込む危険性を持っている。

①（保守主義）、②（近代主義）の問題点／本質主義対構成主義

私は個人的には、①の保守主義には決して与しないが、②bの性＝愛といった感覚には近いものを感じる場合もある。調査を見る限りこれは、私の同世代としてはほぼ平均的な感覚かもしれない。しかしそうした個人的な感覚とは別にそれを社会的な了解とすることには、強く反対する。それはこうした立場がいずれも性に関する強い本質主義を前提とするからである。

性に関する本質主義とは、「性＝○○」といった特定の意味づけを性が持たなければならないと考える立場である。(7) そうした立場に私が違和感を覚えるのは、性に関する意味づけが歴史的にも空間的にもさまざまに変化してきたという事実をこうした立場が説明できないからにほかならない。

「性＝結婚」という、現代の日本にあってはいささか保守的と思われる立場も、つい六、七〇年時代をさかのぼれば、日本の中で充分に革新的・近代的な立場であり、またしばしば「ふしだら」と批判されるような立場であった。そして性に関する唯一絶対の正解などない以上、ある特定の立場を社会の了解としてしまうことは、必ず抑圧的な効果をもたらしてしまう。

そもそも何が過剰に性的と見なされ、何が上品な振舞いと見なされるかといった基準自体が社会や時代によって大きく異なっている。女性のトップレスとロングスカートでは現代の先進社会の多くでは、前者はポルノグラフィの対象となり、後者は過剰な性的意味づけを持たないことになっているが、西洋による植民地化以前の南洋諸島の多くで女性が上半身を隠す必要がなかったことは有名であるし、第一次大戦後のアメリカで、足首の見えるスカートが出てきたときに、ビクトリア朝的価値観から下品とされている。

本質主義に対して性が社会によって作り上げられるものであると考える立場を（社会）構成主義と呼び、本稿もそうしたアプローチをとっている。しかしそのことは、「人によっていろいろなのだから放っておけばよい」と放任を主張することとは全く異なる。私が本稿で考えたいのは、性に関する規制や秩序を、特定の性に関する意味づけに依存せずに構想することである。現代の社会では人は性に関する意味づけを決して共有していない。「性＝結婚」を信じる人もいれば、そうした意味づけが不要だと考える人もいる。その中である種の秩序を実現するには、保守主義や近代主義のような特定の性観念を前提とすることはできない。後で述べる論点を先取りしていえば、ここでは

のである。

井上達夫［1999］のいうように「良き善の特殊構想」を越える、一段高いレベルでの合意が必要な

③性差別批判（道徳から内容へ）

保守主義や近代主義のような性に関する本質主義からくる批判とは別に、フェミニズムが固有に持つ性の商品化に対する批判に、その性差別的性格を批判するものがある。たとえばポルノグラフィの内容の性差別的性格を問題にするものや、女性のみが商品となるという非対称性を問題とすることがあり得るだろう。性の商品化に関する批判を、特定の性規範、いいかえれば特定の道徳に依存することなく、その内容に定位して批判できるようにしたのは、フェミニズムのひとつの功績といってよい。これによってセックスワーカーを犯罪者や逸脱者のように捉えることなく、性の商品化を問題とすることができるようになったのである。たとえば弁護士として性暴力事件などに関わってきた角田由紀子のように、売春を「人間らしい感性を眠らせて、ようやく成り立っている厳しい仕事」［1991：151］としつつ、セックスワーカーの側に厳しい基準が適応されるべきではないとして、裁判官の古い性観念を批判し、返す刀で離婚時の慰謝料請求に象徴される近代的結婚の問題点を指摘する姿勢は、こうしたスタンスの典型かつ最良のものといえるかもしれない。

以下では性の商品のパターンを区別しながら、さまざまな問題について考えていくこととしよう。表は性の商品を性労働が介在するか否か、売り手と買い手との関係、身体接触の有無、セックスを伴うか否かといった要素で区分したものである。全体として下に行くほど、売り手の側の抵抗感が

表1　性商品のパターン

- 性労働の介在しないもの（コミックなど）
- 性労働の介在するもの
  - 売り手と消費者が相対しない
    - 身体接触がない（ヌードグラビアの一部）
    - 身体接触がある（ＡＶなど）
  - 売り手と消費者が相対する
    - 原則として身体接触がない（ストリップやキャバクラ）
    - 身体接触がある
      - セックスを伴わない（ファッションヘルスなど）
      - セックスを伴う（ソープ・ホテトルなど）

強まり、したがって価格も高くなる。

　性労働が介在しないもの（たとえばポルノコミック）、また性労働が介在する場合でも、売り手と消費者が向き合うことがないグラビアやビデオのように、主として表象が問題となるようなケースでは、主として表象の持つメッセージが問題となる。性労働の問題は、性労働者とその使用者という特定の関係であるために、問題を限定しやすい。売り手と買い手が相対するケースでは性労働の問題に、顧客による暴力などが加わるため、問題はより複雑であろう。

　表象の問題としては、まずポルノグラフィを見ると女性の側が、自己の性を傷つけられているように感じる、自己の性が脅かされているように感じる、といった問題があげられよう。さらに内容が女性をモノとして扱っている、女性に対する暴力を助長しているといった批判もある。そうじてそれは、そこで表現されている女性像に対する強烈な違和感もしくは不快感といってよい。性労働の場合にも同じような効果、つまり女性を買うという行為が存在するという事実が、男性の持つ女性像に影響を与え、自らは売るわけではない「一般の」女性も直接・間接に不利益を被る、という問題を指摘できるだろう。

性労働の場合、さらにそれとは別に、性労働者が個人的に経験するさまざまな被害がある。売り手と消費者が相対しないような状況では、問題は限定しやすいが、だからといって深刻でないとは限らない。たとえばシナリオで合意していないような性交渉を撮影されるといった事例がありうる。実際日本でも、バクシーシ山下監督によるレイプものの AV 撮影に関して、実際にレイプだったのではないかといった疑問と批判が女性団体から提起されたことがある。(8) 結局これは事実を確定できることなくウヤムヤになってしまったのだが、もしこうしたことが起きたとすれば、性的自己決定権を踏みにじる許しがたい蛮行である。

顧客が絡むと問題はさらに複雑化する。性労働はこの場合、顧客との身体的接触を伴い、したがって当然危険が伴うことになる。ヘルスのような性交を伴わない場合でも、客から侮辱をされたり、規定外のことを要求されたり、といった事例は後を絶たない。さらに相手とのセックスを含むとなると、暴力を振るわれる危険性はさらに増えることになる。その暴力を抑えるために、暴力団が介在し、暴力団の資金源ともなる。店舗が固定されているファッションヘルスやソープランドのような場合には、まだ店員による暴力の制止が可能だが、派遣型のホテトルのようなケースでは、これすらできない。池袋ホテトル嬢殺人事件(9)のような悲惨な事例が起きる原因である。このほか性病の感染も問題となる。コンドームの着用を顧客にいやがられるケースや、さらに最近では、ヘルスでのフェラチオによるのどへの性病感染が問題となっている。

さらにこうした問題とはさしあたり別になぜ女性の性のみが売られるのか、ということも問題にされている。表象の問題も含めて、そこに非対称性が見られることは事実であり、それを問題視することは当然可能である。性が売買の対象になるということの問題を除いても、それが圧倒的に「男が女を買う」もしくは「男が女を見る」という形式を取る場合に、そのことがある種の権力性を帯びる、ということがありうるからである。

売春とは金で人を買う行為である、という言い方がなされるときにもこうした感覚が滑り込んでいるであろう。男が女を買うということのみが一般的である場合には、普通の人間関係においても、そうした権力関係が想定され、そうした行動を助長する可能性がある。表象の場合には、それが男の視線が女の身体を貫くという構図を取り、そのことが「女が見られる側」という社会の構図を強化し、固定化する。ミスコンや化粧といった問題にも広がるような、「視線の政治」の問題がそこにははらまれている。

総じていえば、こうした批判は、性の商品化の内容やその持つメッセージが性差別的である、という認識を共有している。もちろん具体的な批判の中には、そこに保守主義や近代主義のような特定の性規範に基づく批判が滑り込む可能性はある。しかし論理的には、そうした性規範や道徳とは独立に、内容の性差別性を批判するという立場があり得るのだ。その意味でこれは、フェミニズム固有の批判のしかたといえるだろう。

④　**犯罪批判**（社会政策的配慮）

保守主義と近代主義から来る批判が特定の性規範に基づくもの、性差別批判がフェミニズムから来る性の商品の内容や内実に対する批判であるとすれば、そうしたものとはさしあたり独立に、たとえば犯罪防止といった社会政策的観点から性の商品を問題視することもできる。

表象の場合は、性の商品の流通が性犯罪を増加させる、という主張がそれに該当する。痴漢やレイプを描くポルノグラフィの存在は、そうした行為を再生産するのだ、との批判は常に存在している。特に子供に対してそれが有害であるとの主張は、近代主義と交錯しつつ、ポルノグラフィに対する一定の規制の根拠となっている。

またすでに述べたように、性労働をともなう場合にも、それが本質的に危険をともなうものであるから、性労働ともなう性の商品の存在自体を、否定もしくは規制すべきという主張は当然成り立ち得るだろう。社会政策的には、ある性の商品のもたらす効用とそれにまつわる害とを比較考量して、害の方が大きいと考えられれば、全体としてそれを禁止するといったことは充分に考えられる。

ただしこれは後に述べるように、害や効用の大きさをどう評価するかにも依存する。交通事故で日本国内だけで年間に一万人近い人が死ぬのだから車を全廃すべきだ、という議論と、麻薬は個人の人格破壊だけでなく犯罪も引き起こすので禁止すべきだ、という議論に、同意する人間の比率は極端に違うだろう。しかしそれは自動車と麻薬の社会的効用の判断の相違によるだけで論理的には同格の議論である。そしてその中間に性の商品をめぐる議論も入ることになるだろう。したがって本当に性の商品が犯罪を誘発するのかどうか、またそれを現状より減らす手だてはないのか、といったことが議論されなければならない。

3　なにが批判されるべきか

性犯罪との関係

まず全体として性の商品化が、性犯罪を増加させるのか、という問いに答える必要がある。これについては瀬地山[1998]で論じたが、少なくとも強姦については、日本の中でさまざまな性の商品の流通にもかかわらず、認知件数は激減しており、性の商品化が強姦を増やすとの立論は、不可能ではないがかなり難しいと思われる（図5）。こうした議論に対しては日本では実際の発生件数と警察の認知件数の間に大きな差がある、との批判がある。もちろん、そのこと自身は由々しい問題であるが、そうした差を考慮に入れても、アメリカはいうに及ばず、韓国や台湾といった社会よりも認知件数は少ない（表2）。

だから現状でいいなどと開き直りたいのでは全くない。ただ性犯罪者を捕まえてみたらポルノグラフィを見ていたからといって、ポルノグラフィを統制すれば性犯罪が減るとは言えないのである。

表２　強姦の国際比較　（人口10万人当たりの認知件数）

	日本1996	韓国1995	台湾1994	米国1994	ＮＺ1994
強姦	1.18	11.0	4.08	34.3	7.46
日本＝１	1	9.3	3.5	29	6.3
殺人	0.968	1.44	7.14	8.48	0.879
強姦／殺人	1.2	7.6	0.57	4.0	8.5

出所　日本：『犯罪白書』 韓国：『韓國의　社曾指標』 台湾：『社曾指標統計』
米国：*Crime in the United States*　ＮＺ：*NEW Zeadland Official Yearbook*

効用もない、「くず」のようなものと思われるからこそ、そこで因果関係が逆に措定されて、ポルノグラフィが性犯罪を生み出す、といった言説が流通するのだろう。これは近代の医学で、マスターベーションが精神異常を引き起こすと信じられていたことと、通底するような現象だ（赤川［1998］）。

一方、ポルノグラフィが性犯罪を全体として誘発するとは限らないとしても、④に述べたような現場における特定の犯罪防止といった観点から、性労働の悲惨な現状を改善するには、少しでも犯罪防止につながる対策を講じる必要がある。セックスワーカーの自己決定を尊重するのなら、性労働を全部否定するのではなく、その労働現場にあった対策をもっと積極的に講じなければならない。

性感染症の予防のためにも、コンドームの使用はもっと厳しく励行されるべきだし、買う側の男性を放任しないためにも、客の側にある種の検査を義務づけるといったことも決して不可能ではない。自動車は免許証がなければ運転できないし、ダイビングはやはり免許なしではエアの充填を受けられない。それと同様に性病検査を買う側に義務づけるというのはそれほど荒唐無稽なことではない。売る側のみが性病に関する責任を負うのではなく、買う側の責任をより厳しく問うという姿勢は、この労働を安全なものにするために不可欠な発想であろう。

性産業における暴力団の介入は、警察の不在によって引き起こされる。池袋など何カ所かのイメクラで働いた経験を持つあるセックスワーカーは、本当は警察に守ってほしいが、許可店でない場合には警察が認めていないために、警察が立ち入らないと批判していた。そこでセックスワーカーの安全を守るために暴力団が介在することになる。彼女の話によると、店側は用心棒代を払う他にも、何らかの摘発を受けて逮捕された場合、その店の経営者が自分の経歴に傷を付けたくないというときには、暴力団が身代わりの逮捕者を提供することになっており、それがまた拘束一日あたり〇万円、という形で、暴力団の収入となるのだという[10]。警察の建前と現実との隙間を暴力団が埋めているのである。どういう経営形態であろうと、違法であろうとなかろうと、働く人間への暴力を抑えることは警察の責務である。性労働自体があってはならない、と主張するだけでは、そこに必ず建前と現実とのギャップを作り出し、結果としてセックスワーカーの安全を保証することにはならないのである。

また、さきほど挙げたビデオでのレイプ疑惑のようなケースに関しても、事前の対策によって一定程度対処可能である。藤本由香里氏の提案であるが、いわゆるアダルトビデオについては、事前にその間の行為内容に関する説明と合意をとることを徹底し、その説明の場面を必ず録画・録音することを基本とする。こうした記録が提出されなかった場合で当事者から告発があれば、違法性がなかったことの挙証責任を雇用者の側が負う、ということを原則とするのである。現在でも文書による確認は大手の企業の場合、ほとんど行われているようであるが、こうしたことをより徹底させれば、ＡＶの撮影にまつわるトラブルを減らすことは可能なはずである。

このように犯罪にまつわる問題は、より具体的に防止策を講じることが可能である。現実に即したこうした対策が、一つ一つ講じられることが、悲惨な事件を減らすために、一番必要なことなのだ。性労働の是非を一般的に論じることが無意味だとはもちろん考えないが、そこに市場が成立し、そこで働きたいというセックスワーカーがいる以上、その安全を確保するための対策は不可欠である。

性差別批判

③のようなフェミニズム固有の批判についてはどうだろうか。現在の性の商品が男性向けである種の偏りをもっているといった批判は、正当性を持つ。また最低限、正しい・正しくないという次元ではなく、「私にとってこれは不快だ」と主張する権利は誰にでもある。表象のレベルなら、その内容の性差別性を問題視できるし、労働の次元でも、その中で性差別的な視線が再生産されないかを問題にすべきだろう。

しかしその上で、性に関して抑制的な規範を前提にしなければ、「より女性にとって快であるような性の商品を」という主張になるだろうし、性労働の中での性差別を減らす、といった方向への動きにつながるはずだ。実際、ラブピースクラブやその雑誌『VIBE GIRLS』に代表されるような女性向けの性の商品を生み出そうという動きはそうした指向性を持っているし、また一部のセックスワーカーたちの運動も性労働における性差別の問題を見逃していない。

要するに保守主義や近代主義のような性に関して抑制的な規範が滑り込んでいるからこそ、性の商品化が問題だ、という議論が成立するのであって、これを前提にしないと、商品になることそのものの批判ではなく、その内容や（犯罪のような）随伴現象に関する批判しか残らないのである。

また日本は世界的に見ても女性向けのポルノグラフィの極めて発達した社会の一つである。レディースコミックという形で女性のみを対象とする性の商品が、あれほど大量に流通する社会は珍しい。それは女性の側からのひとつの性に対する意味づけのありかたとなっている。問題が複雑なのは、こうした女性向けの商品が、その内容において、「性差別的」との批判を免れるようなものでは必ずしもない、という点である。たとえばレイプや痴漢にまつわるストーリーというのは、レディースコミックの典型的な話題を形成している。だからといって女性が実際のレイプを望んでいるわけではなく、平均的な女性を対象とするファンタジーとフェミニスト・パースペクティヴとが必ずしも一致しない、というだけのことである。

その一方で、またこうした表象のファンタジー性、つまりこれらが現実の行動に直接に影響を及ぼすものではなく、したがって幻想の中でレイプされる自由を奪うことはできない、といった問題を提示していることにもなる。人間の性行動は間違いなくポルノグラフィなどによって影響を受けている。しかしだからといってポルノグラフィを見た人が皆それと同じことを相手にする、と考えるのはあまりに短絡的なのだ。

また労働の問題に関しても、セックスワーカーの自己決定に基づく以上、それをパターナリズムで否定することはかなり難しい。買う男性を批判することは、意味があると考えるが、そのことが性労働を否定することにはならない。

このように考えてくると、フェミニズム固有の内容批判は、尊重されるべきだが、そのことがそうした商品の存在を否定することにはつながらない、ことになる。たとえば特定の性の商品を見たくない、セックスワークをしたくないと考える人がいたとして、その人の「見たくない」「したくない」という感覚を否定することは誰にもできない。その一方で、「見たい」「したい」と考える人たちも、他の人の自己決定を犯さない範囲でそうする自由を持つ。これは自由な社会にとっての基本的な原則であろう。だとすれば問題は「見たくない」自由と「見たい」自由をどう両立させるか、ということにならざるを得ない。そして基本的にはその答えは棲み分けと自己決定の確保しかないと思われるのだ。そうした議論はフェミニズムの立場から見ると不要な譲歩をしているように映るかもしれないが、女性の（そしてもちろん男性の）性を特定の道徳や性規範によって拘束させないためには、こうした立場をとる必要があるのだ。性表象のファンタジー性を考えるとき、文字通りの内容批判によって、ポルノグラフィを否定してしまうことは、必ずしも生産的ではない。その意味では、教科書の性役割分業記述を批判することとは、レベルが異なるのだ。また一方で、だから批判に意味がない、と考えるのでは決してない。

内容から手続きへ

「見たくない自由」と「見たい自由」の両立というのは、性規範や理想とする性のあり方が個人間で異なる中で、どういった社会的合意や規制が可能かという問題である。こうした議論は、性の内容に基づく批判から、ある種の手続き的な合法・違法の区別へとポイントを移動させることになる。つまり特定の性規範や特定の内容について合意するのではなく、ある手続きが守られているかどうかについてのみチェックをし、それがクリアである場合には、内容については踏み込まない、という姿勢をとるのである。そしてこれこそがリベラリズムの核となる発想である。井上達夫［1999］が明確に打ち出したように、リベラリズムとは、「良き善の特殊構想」から「基底的正義」へとその合意の基盤を移すことである。

これはたとえば民主主義という制度が、意志決定において行っている機能に似ている。つまりわれわれは選挙や多数決という手続きに関して合意をし、そこで下される意志決定の内容については、特別な場合を除き規制を加えていない(11)。もちろんそのことは「合意」の正しさを保証しない。したがってそれは常に批判にさらされるべきであるし、そうした批判や反批判が、個々の合意の均衡点を移動させる可能性があろう。その意味でもフェミニズムが持つ固有の批判というのは、決して無意味ではない。ただし「良き善の特殊構想」に立脚する限り、そのことが他者の性に対してある種の抑圧的な効果を持つ可能性も否定はできないのである。

井上達夫のいうような意味でのリベラリズムに立脚して、性の商品化を考えることは、決してそれを野放しに「自由」にするというのではない。むしろ特定の性規範や内容批判に依存せずに、効率的に批判や否定ができるという意味を持つ。きちんとした自己決定が行われているかどうかのチェックに関する、さまざまな批判を考えることができる。

表象に関するものであれば、「棲み分け」がどのように守られるか、といったことに関係する。その意味では現在の日本のように、写真で性器を出すことが許されず、一方でそれさえクリアすれば電車で普通に読まれるスポーツ新聞にヌードがでかでかと載る、といったことはおかしいといわざるを得ない。内容については規制をはずしてもよいが、不特定多数の人が否応なく集まるような場所では、「見たくない自由」をもう少し尊重すべきなのである。その意味では日弁連の大会で話題となった「嫌ポルノ権」の確立は、真剣に検討されてよい。電車の広告、駅で売ることのできる新聞の内容についての一定の制限を加えるのである。(12)

永田えり子［1997］が主張するように完全な棲み分けはもちろん不可能で、広告や様々な形で流出するからこそ、人はその特別な場所の存在を知る。したがって全て規制されるべきと永田は結論づけるのだが、それでは「見たい自由」は全く保証されない。ちょうどインターネットのサイトがそうであるように、特定の場所に行けば、特定の人たちの求める商品があり、同時にそれを見ずにすむ自由を確保しなければならない。したがって公共の空間では、現状より露出を抑えた上で、特定の空間での流通を認める、といった措置が必要となるであろう。

性労働が絡む場合にも、問題は類似している。先に述べたようなレイプ疑惑事件を防ぐためにも、レイプシーンの撮影だろうと、ＳＭであろうと、事前の説明と合意がきちんとなされているものについては認めてもいいが、逆にその合意を証明するものを欠く場合には、自動的にそれを問題視するという風に内容から手続きへと規制を移すのだ。これはビデオにモザイクを入れる作業よりもずっと意味のある規制となるはずである。

このことは買う側の男性を免責するということではない。性労働における自己決定とは、セックスワーカーの側と買い手の側双方の自由な合意が存在するという条件が不可欠なのであって、それが買う側によって破られた場合には、自動的に買う側を問題視することになる。ただ相手の性を買うという欲望自体は、女性の一部にも明確に存在するものであって、そうした性欲の内容自体を規制の対象とすることは、過度に抑圧的ではないかと考えるのだ。(男女を問わず)お金を払ってでもいいからセックスを買いたい、という人の欲望を、簡単に否定することは私にはできない。

その意味ではまた、一定の年齢以下を対象とする買春が禁止される、ということは当然なされるべきだが、そのことは子どもに性欲を感じるという性欲のあり方を否定することにつながってはならない。それは同性愛という性欲のあり方を否定すべきではないのと同じである。規制され、処罰されるべきは、合意に基づかない特定の行為であって、性欲の内容ではないのだ。

自己決定とその限界

先に挙げたような性労働に関する批判に対して、最近はセックスワーカーの側から、それらが自らの働く権利を奪うものであるとの反論が出ている。『売る売らないはワタシが決める』(松沢・スタジオポット編[2000])というタイトルは、「産む産まないは女が決める」という中絶の選択権に関するフェミニズムのスローガンをもじったものだが、セックスワーカー自身の側からの反論集である。

フェミニズムの性労働に対する批判は当の性労働者がひどい目に遭っている、ということをしばしば前提としている。こうした批判は、セックスワーカーを道徳的、もしくは人種的に劣ったものと考えるような、戦前の一部の廃娼論に対する反省から生まれたもので、セックスワーカー個人に対する蔑視を含まない点で、保守主義や近代主義の一部とは大きく異なっている。しかしそれでもなおある種のパターナリズムをはらむことは否めない。

そして「悲惨な環境から救い出す」というそのパターナリズムは、八〇年代以降の「アルバイト売春」といわれるような、参入退出の自由な性労働のあり方を前に、説得力を減じてしまった。九〇年代以降では『Yukai』などさまざまな性産業の職を紹介する雑誌が数多く発行され[13]、性労働が持つ「特殊性」はいっそう薄れつつある。

もちろん自己決定を保証するための、さまざまな措置は執られなければならない。事前の十分な説明、危険に対する対処、教育・情報の提供などなされるべきことはたくさんある。しかし問題はそれにとどまらない。自己決定だとセックスワーカーが主張する。それに対してそれは女性労働者のおかれた不利な就労環境によって構造的に決定されているのであって、自己決定だからといって問題がないとはいえないとフェミニズムの一部が批判をする。「売春防止法制定当時とは違って、近頃の売春は、生活苦からやむを得ずという切羽詰まったものではなく、高いお金が楽に稼げるからといって、好きでやっている「ルンルン売春」だといわれる。（中略）女性たちが売春行為に入る動機はさまざまだが、ひとたび性を売る生活に入ってしまうと、例外なく彼女たちは、身も心もボロボロになるまで男（ヒモや夫）たちから搾取されている」（角田［1991：150－51］）。

自己決定だとの主張によっても容易にはぬぐい去れない性労働がはらむ問題とは何なのか。仮にそれが保守主義や近代主義のように、自己の当然とする性規範から逸脱しているというレベルの議論であれば、性規範を統一すべきか否かという点こそが問題となるのだろう。すでに簡単に述べたように、仮に個人的にそれに近い感覚を持つとしても、こうした性規範を社会的了解とすることには、強い疑問を感じる。現代の日本は性に関する意味づけが共有されていない社会であり、そこで無理に一つの規範を共有しようとすることは、必ず抑圧的な効果を持つからである。

セックスワーカーも買い手も自己決定しているんだからいいじゃないか、という単純な議論は一見反論しにくい。『私的所有論』（立岩［1997］）で自己決定論に関する見事な論点整理を提供している立岩真也も、立岩［1995］の中で、性の商品化に関する禁止を導くことはできない、と述べる。中絶の場合には、胎児という他者を前提にして、それを基盤に中絶を禁止できる場合があると主張する。これに対して、性の商品化では禁止は導けない、ただある感覚に基づいて「悪い」ということはできるとしている。

その「悪い」という感覚は、お金を出して人の性労働を買うことによって、性における他者性が失われることに起因している。私たちは他者が自分のいうことをすべて聞いたりしない、ということを公準のように前提として生きている。他者が自分のいうことをすべて聞いた瞬間にそれは「他者」ではなくロボットか奴隷になり、そこには人間的なコミュニケーションは成り立たない。コミュニケーションとは「いうことを聞かない」他者同士の間でそのズレを埋めて合意が成り立ったときに感じる喜びを指すものであって、最初からズレが生じないときには、そうした喜び自体も存在しない。機械がいう通り動いても嬉しくないのは、それが当然だからであり、犬がいうことを聞いて嬉しいと思うのは、時にはいうことを聞かなかったり、予想外の行動をとったりするからだ。そして性労働に払われるお金は、性というコミュニケーションにおけるそうした他者性を著しく小さくする。セックスの時に相手が感じているように振舞うのが、自分の払ったお金のためだと思った瞬間に、つまらなさを感じるのは、ある意味で普通の感覚だろう。売る側（多くの場合女性）が否応なく、向かい合う「関係」のなかに引きずり込まれることの不快さ。セックスのようなコミュニケーションの場で、そうしたことがあってはならない、というのが、自己決定論（の限界）からくる「悪い」という感覚の根源である。

これはたとえばホテルでちょっとしたことをしてくれるボーイに非常に小さな額のチップを払う

という、日本人には慣れない習慣に、一部の人が感じる違和感と似ているかもしれない。労働と金銭との関係があまりに明確で、そのことが違和感を作り出すのだ。そしてその一方でそれは、それでも売りたい・買いたいという人がいるときにそれを否定してよい根拠には必ずしもならない。その意味で禁止を導くことは難しい。他方でまただからといって、ある種の不快さが消えるわけでもない。

ただ自分の望むような性が、金を払わずに手に入るのならば、わざわざお金を払って買う人はいないとすれば、それが手に入らない何らかの意味での「性的弱者」に対してまで、買うことを禁じるというのは、過度に抑圧的ではないだろうか。またある種のファンタジーを提供するような特殊な機能が、性の商品にはあるかもしれない。「性的弱者」については詳しく論じる紙幅がないが、障害者や単に「もてない」男女、あるいは特殊な性的志向を持つ人などが考えられる。性欲が充足されなくても死ぬわけではないとして、強い制限を掛けることも不可能ではないが、ある種の条件や安全が守られている限りにおいて、それを認めていく必要があると考えるのだ。

一方でそれは、自己決定なのだからと、セックスワーカーの側に責任をまる投げすることを決して意味しない。性を買うということを認めた上で、セックスを買うということが、何をしてもいいということではないという当然の道理を買う側に守らせなければならないし、そのための具体的で有効な対策が必要なのだ。そしてそのためにもそうした取引自体をないものとしてブラックマーケット化させるのではなく、その現場で起きるかもしれない性暴力につねに公的に対応できるような仕組みが重要だ。

われわれにできること

性の商品を必要とする人と不快だと感じる人がいる。リベラルな社会がなすべきことは、特定の道徳を強要して、どちらかを抑圧することではなくて、異なる性に関する考えの併存を許容することであるはずだ。その意味で私は、性の保守主義や性の近代主義といった特定の性規範を社会の了解とすることに反対であるし、その立場からする性の商品化批判にも否定的である。

一方、性の商品にまつわる犯罪については、表象に関しては、それが本当に犯罪を誘発しているかどうかの冷静な検証を踏まえる必要がある。またで性労働の現場をより安全な場所にする具体的な課題はたくさんあるだろう。これらは性労働を単に否定することによっては決して解決しない。むしろ白日の下で議論されるべき課題である。

性の商品化に対するフェミニズムの一部からの批判については、私は極力それに沿って解決を導きたいと考えている。しかし表象のファンタジー性を考えると、内容批判には限界があると考えざるを得ない。女性の声に応えた性差別的ではない商品をもっと流通させるという戦略とともに、ある種の棲み分けを行っていくことしかできないだろう。

売る側と買う側の双方が自己決定をしているということが、こうした議論の最低限の前提となる。したがって児童売春を含めそうした自己決定がゆがめられていると考えられるケースでは、ただちに犯罪が疑われなければならない。ただセックスワーカーたちの声を聞く限り、自己決定による売買が成立しているということも事実として認めなければならないだろう。そしてそのことはまさにそのゆえに、自己決定の限界をも指し示す。「自己決定」を可能とするために、どれだけの情報や教育を提供すべきなのか。それでも残るであろう違和感に対してどういう配慮をすべきなのか。

まだなにも解決していないのかもしれない。しかし十年前の議論より、一歩前進したと私は考えている。

注

（1） たとえば松沢呉一・スタジオポット編［2000］、松沢呉一編［2000］など

（2） 逆に言えば、これらの条件が整わない社会では、なかなか恋愛結婚は普及しない。戦前の日本や現代のインド社会はそうした例として考えることができるだろう。

（3） 「軽井沢のテニスコートでの出会い」は当時ちょうど誕生しつつあった女性週刊誌の格好のネタとなるわけだが、そのときに軽井沢のコートでテニスをすることになるまでに、どれだけのセレクションがあるかを常識的に考えれば、これを恋愛結婚と呼ぶのは、かなり難しいと言っていいだろう。にもかかわらず、皇室はこれを「恋愛結婚」と呼んだということが重要なのである。つまりここで恋愛結婚を西洋的な愛に基づく新しい関係として称揚し、それに便乗しようとする皇室の意図がここにみられるのである。

（4） 一九九九年東京高検の則定衛氏、ニュースステーションの菅沼栄一郎氏と「不倫」が原因の辞任

騒ぎが相次いだ。さらに最高検次長検事の「浮気で辞職しなければならないとなると、人の目ばかり気にするようになり、活力を奪うことになる」との発言に対して、女性議員の有志が女性蔑視だとして法相に抗議をするという事態にまで発展した。不倫自体は当事者間の合意さえあれば、性差別ではない以上、こうした女性議員の感覚が近代家族的な性愛観を前提としており、それに基づいて、性に関する保守主義のようなダブルスタンダードを批判していることになる。いわば一周前の規範で二周前の現象を批判しているのだ。これについては瀬地山[1999]で簡単に論じた。

(5)　このことがおそらく性を人格と結びつける一つの原因になるのであろう。どういう性的指向性や性癖を持つか、といったことが、オープンに語られない状況では、それは限りなく個人の秘密へと、したがってパーソナリティの核へと読み込まれていく。このことはたとえばテニスをよくすることと、テニスプレーヤーであることは、全く別のことなのに、同性愛という行為をする人間は、しばしば同性愛者としてカテゴライズされる、といった「不思議」と関係している。性は人格へと読み込まれやすいのだ。

(6)　だからといって本稿では、子どもの性を規制しなくてよいと考えるわけではない。それにはさまざまな年齢に応じたもう少し細かい対応が必要である。さまざまな都道府県の淫行防止条例のように、高校生以下のセックスについて問題視するというのは疑問だが、一方で性的同意年齢を一二歳以下に下げるというのはかなり非現実的である。問題はこの間にどのような線引きをしていけるか、ということになろう。諸外国の事例でも性的同意年齢一六歳というのが一番多いことを考えると（宮台編[1998：225]）、高校以上については、同意可能な主体と考え、それまでに中学高校で、しっかりとした性教育を行うというのが、最も現実的ではないかと考える。

一方で、一八歳未満を対象とする援助交際のように金銭が絡む性交渉について買売者を処罰の対象にすることについては、ＩＬＯなどの国際的な論議を見ても（Lim［1998］）、社会政策上必要であろう。ただ援助交際のように強制とは考えられないようなケースは、規制をすれば問題がなくなるわけではなく、潜伏するだけになる可能性もある。規制のみに依存するのではなく、踏み込んだ性教育が不可欠である。

（7）本質主義と構成主義については、ウィーク（Weeks［1986＝1996］）を参照。特にその赤川学の解説論文は明快。

（8）浅野［1999］、足立［1995］など

（9）これについてはたとえば角田［1991］を参照。

（10）一部は松沢編［2000］でも紹介されている。

（11）特別なケースとは、たとえば自分を奴隷にするような「契約」が認められない、といったものである。

（12）一九九九年一〇月日本弁護士連合会人権擁護大会での報告など。

（13）『Yukai』は隔週刊、公称で首都圏版五万、関西版五万、など全国で二〇万部。編集長以下編集スタッフ計五名はすべて女性。一九九三年七月創刊。最初に出たのは一九九二年創刊の『てぃんくる』（現在公称五万部）でバブルがはじけて、既存の求人誌に載らない求人を集めてみるといった視点からはじまり、その後風俗系のものが求人の中心になった（『VIBE GIRLS』三号、二〇〇〇年六月）。

第五章　「性的自己決定権」批判
――リバータリアニズムVSフェミニズム――

永田　えり子

1　リバータリアニズムの蔓延

本稿はリベラリズムよりもリバータリアニズムに焦点を当てる。両者はともに「自由主義」と訳されるものの、その内実はきわめて異なる。リベラリズムは論者によって多様であり、一括りにするのは困難であるが、リバータリアニズムはきわめてシンプルである。リベラリズムが自由であるための条件、とりわけ公平や公正に焦点を当てる一方、リバータリアニズムは純粋に自由を求める。

そのもっとも重要な原則は「他者危害原則」であろう。ミルの加害原理に源流をもつこの原則の骨子はひとことで言って「人に迷惑をかけない限り、なにをしてもよい」であり、その広範な個人の自由を保障するために最小国家論が唱えられる(1)。

暴力・盗み・詐欺からの保護、契約の執行などに限定される最小国家は正当とみなされる。それ以外の拡張国家はすべて、特定のことを行うよう強制されないという人々の権利を侵害し、不当であるとみなされる。……すなわち国家は、市民に他者を扶助させることを目的として、また人々の活動を「彼ら自身の」（傍点原著者）幸福（good）や保護のために禁止することを目的として、その強制装置を使用することができない（Nozick[1974=1985 序]）。

他者危害原則と最小国家論、これをリバータリアニズムとするならば、現在の日本において自由が語られるとき、多くの場合背後にあるのはリバータリアニズムであって、リベラリズムではない。たとえば売買春を性的自己決定権によって擁護するとき、論者が拠って立つのは他者危害原則である。またポルノを擁護し、反ポルノ法や猥褻物陳列罪をパターナリズムや、国家による表現の自由への侵害として非難するとき、また、少子化対策やポジティブ・アクションを国家による私生活への介入であると批判するとき、論者が拠って立つのは最小国家論である。

リバータリアニズムは古典的自由主義にかなり近い。その意味ではむしろ保守的であり、対するリベラリズムが革新といわれてきた。しかしリバータリアニズムは現代日本においてはむしろ新しい思想として、とりわけ若い世代や知識人を中心に歓迎されているように見える。性や生殖、生命に関連して、あるいは法や人権に関して、尊敬すべき多数の論者がこうした思考をもとに論を展開することも多い。すなわち、国家は私事に介入してはならない、「被害者なき犯罪」を罰してはならない、価値観を押しつけてはならない、個人を「放っておく」のでなければならない、いかに生きるかは当人の問題であり、「地獄に落ちる権利」を侵害してはならない（尾近［2000］）。

そして、このような意味で「自己決定権」を主張する論者も多い。たとえば宮台真司編著『性の自己決定原論』では、何人かの論者が文字通り性的自己決定権の名のもとに、東京都の青少年保護育成条例をパターナリズムとして批判し、援助交際の自由を主張している（宮台［1998］）。田崎英明は売春を「セクシュアリティに関する自己決定のひとつ」と明言しつつ、セックスワーカーの自由を主張する（田崎［1997］）。『売る売らないはワタシが決める』というタイトルに明らかなように、松沢呉一らは売春を個人の自由の問題と主張し、「魂に悪い」等といった批判を売春婦蔑視の現れだと強く批判する(2)（松沢他［2000］）。また、そもそも「売春のどこが悪い」と名づけられた橋爪大三郎の論文が、上記のような性的自己決定による売春自由論のいわば草分け的存在であるとも言える。この論文は他者危害原則に基づき、売春を「被害者なき犯罪」である、とみなした点から出発しているからである（橋爪［1992］）。

もちろん、性に関する自由主義的主張は日本でも、それ以前から長い歴史を持っている。たとえば憲法学者の奥平康弘は、以前から猥褻法を表現の自由に反すると批判してきたし（奥平他〔1986〕）、そもそも憲法学自体が、「内在的制約原理」すなわち「他者の人権を侵害しない限り、人権は制約できない」という他者危害原則を採用して、国家による恣意的な人権侵害を防ごうとしてきた。生殖の分野では、女性の「性と生殖の自己決定権」（リプロダクティブ・ライト／ヘルス）が世界人口会議で主張された。アメリカにおいて、中絶は長らく生命派と「自己決定派」（pro-choice）に分かれて議論されてきたが、日本でも中絶は女性の「自己決定権」に属すと主張されてきた。(3)

これらの意見そのものには尊重すべきものも多いし、国家が恣意的に人々を拘束してはならないということは言うまでもない。またこれらの主張において、必ずしもリバータリアン的な意味で「自己決定」の語が使用されているとは限らない。しかしそれでも「自己決定」は見ていくように、きわめて危険な側面を持つ。

個人の、国家からの自由と自己決定というリバータリアニズムは一見、斬新かつ革新的に映る。だがそれは歓迎すべきものとは限らない。実際リバータリアニズムはさまざまな批判を被ってきたし、また虚心に考えてみても、論理として成功しているとはいいがたい。リバータリアニズムはそれが望んでいるような「中立で小さな国家」を確保することはできない。リバータリアニズムはむしろ国家による「恣意的な個人統制」につながりかねない。かくしてリバータリアニズムが絶対視する個人の自由そのものを、リバータリアニズムが切り崩してゆくのかもしれない。そしてフェミニズムとの関連で言うなら、これはまず両立しがたい主張であるというだけではない。リバータリアニズム的な主張にしのび込む暗黙の前提によって、性と生殖における男性の責任は完全に解除され、それらはただ女性の、女性だけの問題とみなされてゆくのである。

このような観点から以下、リバータリアニズムをあらためて検討しよう。

2　リバータリアニズムならばどう考えるか

リバータリアン的主張はきわめてわかりやすい。つまり「人に迷惑をかけない限り、何をしてもいい」「国は、個人の人権を守る以外のことをしてはならない」ということだ。これは上記に述べたように、いまの日本でも、きわめて広く採用されている思考法であり、むしろ通常「自由主義」といえば、まずこうした思考を指すと考えられる。しかしながらリバータリアニズムは次のような問題を抱える。まずは列挙してみよう。

①不公正の温存
②恣意的な「私的自治」
③実質的な不自由の是認か、あるいは「きわめて大きな国家」の必要性
④権利対立を解決できない
⑤何が危害かを決定できない

⑥「中立的な国家」の不可能性
⑦恣意的な「自己」定義
⑧集団合理性、社会的利益の無視

さて上記の問題群は、とりわけ性と生殖に関連して、どのように立ち現われてくるのだろうか。

女性差別はなくすべきか？　男女間は公正であるべきか

リバータリアニズムの答えは明白にNoである。

リバータリアニズムの代表的な論者ノージックに従えば、「平等」は自由の敵である。所得再分配や弱者保護といった政策は不当である。なぜなら、恵まれた者から取り上げ、恵まれない者に手渡すとき、国家は（この場合恵まれた者の）所有権を侵害しているからである。

その意味で、リバータリアニズムは不公平を積極的に温存する、弱者に厳しく強者に優しいと批判されることになる。そもそも大金持ちがほんの少し我慢することで、飢餓状態にある人がたとえ一〇〇人救えるとしても、大金持ちに我慢を強いてはならないのだから。そして自由（人権）絶対主義から来る、これは当然の論理的帰結である。人権によって守られるべき個人的利益以外のものを国家は守ってはならないとリバータリアンはいう。ところが、そもそも「平等」や「公正」といった概念は、個人間のバランスの問題なのであるから、個人的な利益に還元できない「社会的利益」

である。かくして「個人的利益以外のものを守るな」というリバータリアニズムにとって、公正や平等は唾棄すべきものとなる。

ポジティブ・アクション、クォーター制度は「自由の侵害」か

もちろん、答えはyesである。弱者保護や平等、公正を社会が目指してはならない。すなわちリバータリアニズムを主張するならば、すでにあるそうした法律や制度撤廃を主張しなくてはならないはずである。たとえば労働基準法は撤廃すべきである。労働者個人と企業との自由な契約に国家が介入しているからであり、「適切な労働時間」という価値観を国家が一方的に押しつけるのは「おせっかい（パターナリズム）」であるはずだ。累進課税、相続税、年金や社会保険制度、独占禁止法なども同様であろう。そしてむろん、男女差別はそもそも問題ですらない。雇用機会均等法も、男女共同参画社会基本法も、当然撤廃すべきであろう。そもそもある法人がたまたま男性だけを採用したい／出世させたい／優遇したいというときに、国家がそれに介入し、彼らの自己決定（自分たちのことを自分たちで決めること、ここでは誰を雇用するかに関する裁量権）を制約する正当性が見出せないからである。かくして次の命題に導かれる。

国家は差別を是正してはならない

リバータリアンのこうした考え方は、家父長制という構造的な不公正が存在するというフェミニ

ストの議論と相容れない。すなわち、格差は競争の自然な結果によって生じるのではなく、女性として生れ落ちたときからすでに「負け」が予定されるような、何らかのシステムが存在するとの見方である。簡単な例を出せば、たとえば男性だけに訓練を施し、女性だけに子どもを背負わせて競争を行うならば、たとえスタートラインは同じでも勝負の結果は見えている。しかしこのような場合、リバータリアニズムはこの勝負の結果を肯定するはずである。なぜなら「誰の生命権、所有権も侵害されていない」からである。

周知のように、むしろこうした反省からリベラリズムは展開してきた。すなわち自由一般や人格的自律のための条件、自由競争が公正に行われるための条件を模索してきた。この点に関して、フェミニズムはリベラルではありえても、リバータリアニズムではありえない。なぜならその性質上、個人的利益だけでなく個人間や男女間の公正に、また女性という集団全体の厚生に関心をもっているからである。

補足するならば、リバータリアニズムはこうした問題を私的解決に期待している。すなわち「国家は」こうした問題に介入してはならないが、私人やその集合体ならかまわないということだ。しかしながら、これは「私的自治に対する楽観論」でしかない。そもそも差別や格差は私的自治の名のもとに、市場に任せておいたとしてもまず解決はしない。ひとつには、市場の一般均衡は初期配分における富の格差をそのまま維持するため、外部からの介入や外的条件の変化等がないかぎり、初期条件における格差をそのまま維持、温存するからであり、ひとつには、性、身分などの生得的地位も、それを利用することに利益がある限りは、市場はそれを維持、温存するからである（永田［1997］）。すなわち、「市場社会は能力主義社会であるから、生得的な身分にかかわらず能力さえあれば競争に勝てる公正な社会である」という俗説には根拠がない。なぜなら「男であること」「よい家柄に生まれたこと」といったことも、そこに利益がある限り、十分に能力たりうるからである。

国家権力を抑制すれば、女性は自由になれるか

リバータリアニズムは暗黙に、国家から自由でさえあれば、（女性に限らず一般に）個人は自由になる、という前提をもっているようにみえる。「国家から自由であれ」、これはリヴァイアサン国家観（国家は恐ろしい化け物であり、放っておくと人権侵害をしまくる）の名残であるが、この国家観は二つのことを忘却している。ひとつは、国家のみならずコミュニティや企業、マスメディアや学校、親族集団、宗教集団等の中間集団もまた化け物になりうるということであり、もうひとつは、しかも国家は民主制によってたずなをつけられているが、中間集団にはそれらの機構が存在しないということである。国家から自由になったからといって個人的自由が増すわけではない。それはただ中間集団をより強力にし、中間集団による差別や収奪をひどくするだけかもしれない。第一波フェミニズムへの反省からも明らかなように、差別は私的な領域に、私人間にこそ蔓延しているからであり、またこうした「社会的権力」への警戒から現在、私人間の人権侵害も規制する方向に動いている。(4)

国家はDV、セクシュアル・ハラスメントから女性を守るべきか

ｙｅｓである。ノージックによれば「暴力や盗み」から個人を守るためにこそ国家は存在しているからである。それが国家の成立理由であり、また正当化可能な唯一の理由であるとされているからである。ただしその場合「最小国家」でありうるかどうかは問題がありそうだ[5]。家庭や性関係などの「私的領域」に国家が介入せざるを得なくなるからである。たとえば児童虐待を防止するためには、積極的に国家が家庭に立ち入って、親から子どもを保護しなくてはならない。周知のように児童虐待防止法は、そのために知事に立ち入り調査権を認めたり、警察の援助を求める権限を強化したりした。ＤＶやセクハラの防止、監視、被害者の保護や加害者への責任追及も同様に、「私事」に踏み込まざるを得ない。

人権「さえ」守っていればいい、とリバータリアンはいう。だから最小国家でいいのだと。しかし、人権を守ること、それだけでも従来「私的領域」と思われていた領域に国家が侵入せざるを得ないことは明らかである。この点についてはマッキノンやＣ・バリーが指摘するように、性や家庭に限って人権侵害を放置してきたことにこそ問題がある。国家がその最低限の義務さえ履行してこなかったということになるからである。

援助交際は自由であるべきか

リバータリアンならばまさしく、ｙｅｓと答えるだろう。国家はとにかく、極力、個人の行為を拘束してはならないのであり、拘束するならそれは他者危害によるべきで、パターナリズムであってはならない、と答えるだろう。

そうした典型的な答えが宮台他[1998]に見られる。そこでは「「自己決定権の修得が不十分だから自己決定権を制約する」振る舞いは、個人の行為としては（親が子どもをしばるなど）許容されても、政治システムの行為としては（立法行為など）原則として許容されない」と述べられ、都の青少年条例が批判される。

さて、こうした主張をつきつめればどうなるだろうか。

性的自己決定権とは自己決定権の一種であり、そうであるならば通常それは憲法一三条の幸福追求権として主張される人権である。しかしそうであるならば、親が子の自由を拘束することを許容してもよいのだろうか。

脅迫による性交は強姦であり、人権侵害である。ならば親が子に有形無形の圧力を行使して援助交際を禁じるのは、親による子の性的自己決定権の侵害、すなわち人権侵害ではないか。ならば国家は、むしろこの家庭に介入して、親が子の援助交際をやめさせようとするのを止めるべきである。そうでなければ、子の実質的な自由は保障されない。

フェミニズムが性的自己決定権を言う場合、そこで批判されていたのは国家からの自由だけでなく、社会的権力からの自由を意味してきた。たとえば女は結婚しなければならない、男の子を産まなければならない、性的に主体的であってはならない、といった、家族や親族、周りの人々、社会全体からの圧力を問題にし、だからこそ自己決定の尊重とは他者への強制である（すなわち他人に他者の決定を尊重することを義務づけるものでなくてはならない）、と主張されるのである（江原［2000］）。生命権は人々に、他者の生命を尊重することを義務づける。所有権は他者の所有物を勝手に奪わないことを義務づける。ならば自己決定権の主張も、他者にその尊重を義務づけるものでなくてはならない。

そうであるならば、「援助交際の自己決定権」の主張は、子（たいていは娘）の親や教師、学校などへの強制の主張でなくてはならない。すなわち援助交際をしたならば小遣いをやらない、学費や生活費を出さない、家から追い出す、などという親の「しつけ」は不当な人権侵害であるから、これをしてはならない。また学校は、援助交際を理由に停学処分などの不利な処分をしてはならない。そもそも公教育は「援助交際をしてはならない」と教育してはいけない。「赤を着るか青を着るか」という個人の自由に任せられるべき問題に対して（といっても学校ではこれさえ個人の自由に任せられているとは限らないが）、「赤を着るな」と国が（税金を用いて）価値判断を押し付けることに等しいからである。

以上により、援助交際の自己決定権という主張は、次のふたつの強制をもたらす。①親は、子の性生活に介入してはならない。②公教育は、性や売買春に対して中立的でなくてはならない。しかしながら一方では以下のことが成立する。

親が子の援助交際を止めてはならないのか

リバータリアンならばＮｏと答えるだろう。それは私的自治の範囲内であると。だが、もともと何が「私的自治」の範囲内であるのかに関して、リバータリアニズムはまったくあいまいである。人権侵害から個人を守るのが国家であるといいつつ、私的自治の範囲が広範に残ると彼らは信じているようだが、そのような根拠がないことはすでに述べた。それとも所有権ならば、国家が（おしつけがましく）私人間の人権侵害に介入して良く、自己決定権ならばそうではないというのだろうか。そのように所有権を特別視する理由はとくにない。

さて、ならばリバータリアンはここで二つの方向に分かれるはずである。ひとつは「所有権、生命権以外は国家が守ってはならない」という「人権最小化説」、ひとつは、人権はすべて国家が守らなくてはならないという「人権最大化説」である。

「人権最小化説」は上述のように、根拠なく特定の権利を重要とみなす点で恣意的である（かくしてバリーは、もしもリバータリアンが根拠なく権利を主張していいのであるならば、（消極的自由権だけでなく）経済権や社会権も主張していいはずであり、したがって「大きな政府」を主張してもいいはずだと述べる（Barry［1986＝1990：176］）。が、それをおいておくとしても、この主張は少なくとも「自由な自己決定」を導かない。なぜならば、国家はたしかに自己決定に介入してはならないが、コミュニティの決定にも介入できないからである。

「コミュニティは人権侵害してもよい」とノージックは述べている。[6] すなわちコミュニティの約束事は、もしも国家がすれば人権侵害であろうようなことでも、私的自治として許される（ならば、都や州のレベルならば援助交際を禁ずるのは「私的自治の範囲内」なのだろうか）。あるいはかりにPTA等の民間団体や宗教団体等が強圧的に援助交際を取り締まったとしても、それは「私的自治の範囲内」であるはずであり、また援助交際を理由に就職差別などを行うこともかまわない（そもそもリバータリアニズム的に考えれば差別は問題ではない）。もちろん、民間企業が少女を集めて大規模な売春組織を作り上げるのも「私的自治の範囲内」であるし、親が子をどうしようと、すなわち援助交際を禁止しようが、企業に娘を斡旋して利益を上げようが（直接生命権・所有権を侵さない限り）かまわないはずである。すなわち国家さえ介入しなければよいのであり、これでは未成年の選択の自由と自律性、尊厳を守り育てるための性的自己決定権、という主張自体と矛盾してしまう。[7]

では、「最大説」はどうか。これならば所有権についてそうするのと同様に、国家は「私的自治」に介入する。すなわちコミュニティや親の自己決定権侵害に対して、国家は積極的に口を出す（その結果、「最小国家」からはますます遠ざかる）。少なくとも、子が親を性的自己決定権の侵害により訴えたならば、子に軍配を上げ、その侵害の代償として親に損害賠償を支払わせるべきだということになるだろう。[8] さらに、もしも未成年者の援助交際の自由が守られるべき人権であり、その自由がなければ未成年が自己の尊厳を確立できないというならば、立法を行うべきではないか。すなわち親や教師等、指導的立場にあるものが自己の立場を利用して、その保護する子女の援助交際の自由を侵害しないようにすべきだろう。「人権最大説」のリバータリアンならば、こう考えるはずである（が、もはやこれをリバータリアニズムと呼ぶことは無理があるが）。

親権か、それとも援助交際の自己決定権か

「人権最大化」リバータリアニズムは「私的自治の最小化」という困難をもつ。が、それにとどまらない。さらに問題となるのは権利対立である。たとえば上記のように「援助交際の自己決定権」と「親権」とが対立するとき、どちらに軍配を上げればよいのか。原理的には、答えは不明のはずである(9)。

このようなとき、対立する二者は、互いが互いに対して「他者危害」となる(10)。たとえば親は、その保護する未成年の子に対して、自分の信ずるところにしたがって養育する権利をもつ（また民法によれば、親は子に対して懲戒権、職業許可権をもっている（遠藤他[2000]）。そしてこうした教育方針の自由は、宗教や良心の自由の重要な一部を占めている。だが、これら二つは同時に満足できない。そしてどちらかを優先するなら、どちらかが侵害されることになる(11)。

どちらを優先しても「他者危害」となるならば、いずれを国家が採用してもかまわない（つまり人権や他者危害原則に違背しない(12)）。ならばそれはむしろ国家にフリーハンドを与えることに他ならない。かくして「国家による恣意的な統制の抑止」という当初の目的からも遠ざかることになる。

「性的弱者論」は正しいか

通常、リバータリアンは格差を許容する。したがってたいていのリバータリアンならばまず「正しくない」と言うだろう。だが、少々寄り道になるが、ここでしばしば喧伝される「性的弱者論」に触れておこう。

次のような主張をよく聞く。売春を禁止してはいけない。そもそも売春を禁止しようなどというのは、もてなくて買春の他に性交の機会のない性的弱者（である男たち）のことを考えない暴挙である。

この説、すなわちここでいう「性的弱者論」は買春を（自由権というよりむしろ）社会権として主張する。すなわち人は（男は？）すべからく性行為の機会を保障されてしかるべきである。しかるに性的弱者（性行為の機会がない、もてない男性や一部の障害者など）が存在するのはよろしくない。したがって彼らのために、「金さえ出せば性交できる」買春機会を確保すべきだ、という議論である。だがこの主張は筋が通らない。第一に、仮に性行為が「万人に保障されるべき社会権」であるとしても、買春はその目的に合致していない。すなわち目的と手段が乖離しているのである（もてず、かつ金もなければ性行為は保障されない）[13]。また、ある調査によれば買春男性の七五％強に配偶者やパートナーが存在する（男性の買春を考える会［1997］）ことから見て、買春の大半が「性的弱者であるから」行われているのでないことは明らかであり、むしろ強者と弱者の機会格差を広げるだけである（さらに、現状においては売買春が「女性の」性交機会格差を増やしこそすれ、減らすことにはなりそうもないが、それはどうなのか）。

買春一般をこのロジックで正当化することはできない。すなわち仮に性的弱者論を前提としたとしても、そこからストレートに言えることはセックスボランティア等の「性の社会福祉」の充実や、「弱者」に対する免許制の買春などであって、買春一般の正当化は出てこない。

第二に、そもそも性交の機会が「万人に保障されるべき」であり、しかも社会が責任をもってその機会を提供すべきだという理由が不明である。たしかに現在、性交機会には容姿や社会的地位、年齢、人格、趣味等による格差がある。だが、それは「是正すべき格差」であり、もてない人間には社会がその機会を割り当てるべきなのか。(14)

「どんな格差が不合理か」についてはここではこれ以上問わない（それはリベラリズムの課題のひとつだろう）。だが少なくともいえることは、性的弱者論の主張と、リバータリアン的な性的自己決定権の主張とはむしろ正反対だということである。すでに述べたように、リバータリアニズムは格差を問題とは考えず、社会権の存在さえ認めないからである。

にもかかわらず、両者はしばしば同時に主張される。すなわち「女性の売春は」性的自己決定権あるいは職業の自由であり、国家が介入してはならない自由である、対して「男性の買春は」社会権であり、恵まれない弱者のために社会が積極的に保持すべき機会(15)である、これはきわめて不思議であり、ダブルスタンダードと非難されても仕方がない。(16)リバータリアニズムのこのような使用法を「アドホック・リバータリアニズム」と名づけよう。

性は私事なのかそうでないのか、性は個人的なことなのかそうでないのか、国家が介入すべきなのかしてはいけないのか、すなわち「自己決定」であるべきなのかそうでないのか。

次の節では、暗黙の価値前提がいかに上記の判断に混入し、結果としてリバータリアン的な言説に影響を及ぼしているかを見よう。

3 性的自己決定論批判

さて、そこで性的弱者論から離れ、より一貫した主張、すなわち売買春は性的自己決定権に属す、という主張にもう一度目を転じたい。すなわち、たとえそれによってさらに男性間での性交機会格差が広がることになろうとも、それは自然淘汰でやむをえない。しかし、売買春が性的自己決定権に属す、すなわち人権である以上、他者に危害を与えない限り国家はこれを拘束してはならない、という主張である。

リバータリアンならばまさしくこのように答えるだろう。そもそも原理的にすべての行為は自由であり（その意味ではすべての行為が自己決定権に属す）[17]、したがって他者危害となる行為以外は国家によって制約されるべきではないというのがその主張だからである。とりわけ売買春は「被害者なき犯罪」として、パターナリズムの典型的な例として、きわめてよく引き合いに出される。

しかしながらこの主張は納得しがたい。その理由は、上記の議論に①何が「被害」であるかに関して、また②何が「自己のこと」であるのかについての、暗黙の（ジェンダー・ブラインドな）価値前提が存在するからである。すなわちこの二点について、性的自己決定論は特定の価値観を「押しつける」。その意味で「国家の中立性」や「善を押しつけてはならない」というパターナリズム批判といった、リバータリアニズムの価値前提そのものに反している。以下、見ていこう。

何が危害であるのか

他者危害原則は、何が危害であるかの客観的基準が存在してはじめて有効なものとなる。ところが、まさしくリバータリアニズムが主張する「多様な価値観の存在」ゆえに、何が危害であるかについてまさしく多様な見解が生じる。スーザン・メンダスはこの点に触れてマッキノンらの主張を例として挙げる。すなわち、まさしく一部の女性たちがポルノは暴力である（それが性暴力を「誘発する」といった皮相な意味でなしに）、すなわち女性に対する直接的な加害であると認識しているにもかかわらず、なぜ、またどんな資格でこれらが「危害ではない」といいうるのか、と疑義を提出している（メンダス[2000]）。

このような、従来の「危害」解釈に対する異議申立ては、これにとどまらない。大気汚染や騒音、喫煙による被害、過剰冷房や環境型セクシュアル・ハラスメントによる精神的被害等々(18)。

こうしたことは性と生殖に関連する問題に関しても、すでにさまざまに指摘されている。たとえばトムソン［1972］は、身体の占有やそれにもとづく不自由という「胎児の母への危害」の可能性を指摘した。従来の中絶論争において、母の胎児に対する加害ばかりが焦点となっていたことを考えるならば、その賛否はともあれ、重要な視点である。

さらに遡って、意図せざる妊娠が男性の、女性に対する加害であるという指摘を行ったのが沼崎［1997］である。彼は男性という〈孕ませる性〉の自己責任を強調し、避妊をしない性交はそれ自体がすでに女性に対する性暴力であると主張する。なぜなら妊娠、中絶、出産という、ライフコースに関わるほどの重大なリスクとコストを一方的に女性に課す行為であるからだ。

さらに宮地［1998］はこれを敷衍して、中絶はそれ自体が男性の女性に対する性暴力であるとみなす。すなわち妊娠の不安、妊娠により体に負うリスク、中絶手術、それに要する時間・金銭というコスト、さらに中絶という事実が身体に一生刻まれること、プライバシーを暴かれる不安、アイデンティティに与える影響等。性行為には同意していても、妊娠にも同意しているとは限らない。これらを独立に考え、「強妊娠罪」という罪状の可能性を検討している。(19)

沼崎・宮地らがとくに主張しているのは、従来の性と生殖に関する議論がきわめて「男性的」であったということである。すなわち、女性にとっては身体的に連続的である性と生殖を切り離す（たしかに男性にとっては分離している）。そしてあたかも独立の現象であるかのような議論を展開することによって、男性の「性と生殖に対する責任」を不可視にしてきたという指摘なのである。(20)

これを受けて、性と生殖、さらにはそれに連なる養育を連続的なものと捉えよう。そのとき「自己決定権」は生き残りうるのだろうか。

何が「自己」のことか(21)

さて、性的「自己」決定派はこのように考える。売買春において女性が性交に合意した時点で、避妊、妊娠、中絶、出産、養育、といった、再生産にかかわるすべての問題について女性の側がこれらのリスクとコストを引き受けたのだ、と。すなわち性交の結果としての生殖であるにもかかわらず、それはすべて女性の「自己」責任であり、男性にはまったく責任がないものだという前提に立っている。ここでは「性交への合意」は即「再生産責任についての合意」（すなわち女性に帰属し、男性に帰属しないという合意）を含むものと解釈される（かくして援助交際とは、成年男子が、未成年女子にすべての再生産責任を負わせた上で性交する、ということに他ならない(22)）。

ところが不思議なことに、婚姻や内縁関係、継続的な恋人関係においてはこうした責任帰属は起こらない。少なくとも出産に至ったら、「共同で」養育するべきものだとの責任帰属を受け入れる。ここにはまったく相異なる責任帰属規則が存在する。売買春ではそれは「性行為をした」女性個人の「自己」責任であり、婚姻・準婚姻では「性関係にある」二人の「共同」責任なのである。いったい、再生産とは「女性の個人的問題」なのか、そうでないのか。

少なくとも「自己責任」ルールを主張するならば、まず主張すべきことは民法の根本的改正ではないのか。現在の民法は原則として血縁主義を採用している。すなわち再生産責任を男女の共同責任と定め、それを国家権力によって国民に押し付けているからである。血縁関係によって「父」を推定し、親としての養育責任を男性に課すこと。これは再生産の自己決定自己責任派（つまりは女性の個人責任派）によるならば、自己のことでもないことに（男性が）責任を割り当てられる、きわめて理不尽な制度であるはずである。

逆に、もしも共同責任ルールを認めるならば、買春男性は婚姻制度のフリーライダーでしかない。なぜなら、本来共同責任で養育すべき子どもに対して、買春では（父子関係が問いえないということを利用して）、最低限、養育費を支払うべき子どもに対してその責任を免れているからである。[23] この買春者の無責任は、母子関係の明確性により、女性は産んだ子どもに対し（売春であろうと婚姻であろうと）常にその再生産責任を問われることと比較すると際立っている。[24]

しかし自己決定派はこういうだろう。かりにそれが不公平であるとしても問題はない。その不公平が嫌ならば、女性は売春しなければよいのである。女性が「共同責任でなくてよい」ことに合意しているのだから、それをとやかくいうのはパターナリズムである。そもそも再生産コストを勘案した上で売春料金は定まっているはずだと。

この主張にもふたたび暗黙の価値前提が忍び込んでいる。ひとつは、男性が再生産責任を果たさなければ、害を受けるのはその女性本人であり、かつその害は彼女にのみ及ぶ（したがって害を受ける本人が合意している以上、それはせいぜい「自傷行為」である）という前提。もうひとつは、女性が男性に再生産責任を負わせるか免除するかは、女性の自己責任で決めてよい、という前提である。つまりは、ここでも「再生産にかかわることは女性だけの問題」という前提がある。しかし、もちろんそうではない。

男性が再生産責任を果たさなければ、害を受ける筆頭は当然、生まれてきた子どもである。その子はもし共同責任が果たされたならば得られたであろう分の養育費を失う。さらに買春においては、「父親に認知を求める権利」および人格権としての「自己の血縁を知る権利」を生前にすでに剥奪されている。(25)さて、これらは子どもに固有の権利であって、その父母が勝手に売却できるものではない。したがって「父が責任放棄をするかどうか」を選択することが、母たる女性の「自己責任」であるはずがない。まして「売春料金に含まれていたはず」というのは論外であろう。もしもそうだというならば、それは金銭で「子どもを遺棄する権利」を買った、ということに他ならない。それでは人身売買契約である。(26)さらにこの主張は、売買春契約とは「性的サービス」という労働の売買であって、それ以外のものではない、という自己決定派の従来からの主張に違反していることも付言しておこう。

現在の再生産制度のもとで買春を擁護するとは、一方で婚姻制度という「共同責任制度」を前提としたまま、買春者だけが「そこから逸脱する自由」を主張することに他ならない。それでは「フリーライドする自由」でしかありえず、自己決定権として正当化できるようなものではない。「買春が自己決定権だ」と言うためには、したがって、それに見合うような再生産制度を提案すべきだろう。妻には売春させたくない、すなわち「他の男性の子は育てなくない」し、そうしなくてすむ権利を持っている。しかし自分は買春したい。すなわち「責任をとらなくてすむ性行為をしたい」。これでは、自分の尻は拭きたくないが、他人の尻拭いはごめんだ、と言っているに等しい。少なくともこうした主張が「人権」として認められるべきだという主張に正当性があるとは思われない。[27]

なお、念のために付言しておこう。ここで言いたいことは現行制度が最高だ、とか、血縁主義を守れ、とか、不倫や離婚はけしからん、とかいうことではまったくない（だいたい不倫や離婚なら再生産責任者が誰であるかはほぼ明白である）。そうではなく、共同責任体系と「自己」責任体系という二つの責任帰属の狭間で、買春の自由が「フリーライダーの自由」と化している、ということである。

自己決定権とはすなわち、憲法一三条で保障されるべき人権である。そして、自己決定自己責任というその主張は耳に快く、普遍的で、あたかもジェンダーフリーであるかのように響く。しかしながら、その「自己」の解釈に、すでにジェンダーは忍び込んでいる。結果として、この原則はまさに「何人も橋の下で眠るべからず」という、一見普遍的だが不公正な規則（橋の下で眠らざるを得ないのは貧困者だけ。つまり金持ちが貧乏人を町から追い出すために作った規則）と同じ効果をもつ。なぜなら、孕みうるのは女性だけであるから、「性交の帰結は〈本人〉が負う」という一見普遍的な規則は事実上、再生産責任をすべて女性に帰属し、男性が免れることを意味するのである。[28]

4 フェミニズムの視点

リバータリアンのユートピアとはどのようなものだろうか。それは国家が介入せずとも、また介入さえしなければ、個人の自己決定が可能となる世界である。そして権利は決して対立せず、暴力と盗み以外の他者危害は存在しない。行為の帰結は、良かれ悪しかれ、それを行った本人にのみはね返る。すなわち行為は決して、第三者にも、社会全体にも影響を及ぼさない。回復不能な損害は、ただ国家のみがそれを引き起こしうる。かくして「自己決定自己責任」が常に可能となる。本人が責任を取り得ないような行為は存在しない。

だから、外部効果は存在しない。予期せざる効果も、相互作用や集合的効果さえ存在しない。巨大技術も存在しない。すべては個人的利益と個人責任に還元されうるはずである。だからこそ社会は、権利という名の個人的利益さえ守っていれば足りる。格差や不公正は問題ではないか、あるいは私的自治によって解消する。かくして最小で、価値中立的な国家が成立する。

しかし、このようなユートピアは成立しない。そのことを見てきた。

人が相互作用する以上、あらゆる行為が「他者危害」となりうる。環境問題のように、世界的な規模の害悪が、個々人の行為から創発することもある。巨大技術に見るように、取り返しのつかない被害が生じることもある。再生産のように、新たに「他者」を誕生せしめることもある。すなわち、行為の帰結は「本人だけに」ふりかかるわけではない。またその責任を個人が「負いきれる」という保障もない。何をもって責任をとったことになるのかも定かでない。

人が多様である以上、何が保障すべき人権であるかについて、すでに価値観の対立が生じる。人によってはある価値は普遍的に守られるべき「人権」であり、人によってはそうではない。人によってはは「パターナリズム」であるものが、人によっては「当然の保護」であり、人によっては「自然競争」であるものが、人によってはたんなる「弱肉強食」である。

かくして、人は「アドホック・リバータリアニズム」に導かれるかもしれない。つまりは都合のいい部分にだけ、恣意的にリバータリアニズムを使用するという意味である。財産家は所有権だけを重視し、それ以外は「自己決定自己責任」を主張するかもしれない。肉体的に頑健なものは「自衛権」を重視し、生命権を軽視するかもしれない。すなわち自分が強者である側面についてだけ「国家からの自由」を主張し、私的自治の世界で社会的権力を楽しむ。弱者である側面については それを適用せず、格差是正を求める、ということが可能となる。ならば、すべての人々が納得可能なリバータリアニズムとはいかなるものなのか。またそれはそもそも存在しうるのか。

実際のところ、従来のリバータリアニズムは根拠なく性と生殖を特殊「私的自治」の分野に置いてきた。かくしてフェミニズムが「個人的なことは政治的」と言わざるを得なかったことは周知の通りである。そして、その構図はいまでも変わっていない。すなわち、性と生殖はとりわけ「私的」

な「個人的問題」に還元され、それが結果的に再生産責任を「自己責任」として、とりわけ女性のみに課し、男性の責任を免除することを正当化する。だが問われるべきはまさにその点にこそ存在する。すなわち何が自己の問題であり、何がそうでないのか。どんな帰結が誰の責任に帰属し、誰に帰属しないのか。何をもって責任遂行とみなすのか。何が危害であり、何が危害でないのか。

いまフェミニズムが問題とすべきはまさしくこうした認定と帰属の手続きではないか。すなわちリバータリアニズムが解決し得ない、そして問題化することさえできなかった暗黙の手続きを明示化し、修正し、新たなフェミニズム的自由を提言してゆくこと。この努力を今後も続けてゆく他はないのである。

注

(1) もちろん、学説史的には古典的自由主義とノージックのリバータリアニズムとは異なる、と言われるだろう。たとえば前者は功利主義であり、ノージックは手続き的正義を主張してこれを厳しく批判している等々。だが、人権侵害以外の広範な自由と小さな国家、という点をここでは重視するため、それ以外の異同は問わない。

(2) ちなみに筆者も別の観点から批判対象となっているが、それについては後に述べる。

(3) 性と生殖以外でも、たとえば生命倫理学者の森岡正博は「死の自己決定権」を主張して、子どもを含む脳死者本人の明白な合意に拠らない臓器移植に反対しているし、周知のように民法改正論者は「名前は個人の人格権に属す」として、国による同姓の強制に反対する。

（4）たとえば日本なら、間接的ながら憲法の私人間効力を認めている。

（5）ノージック自身が動物の処遇についてあいまいであることを指摘して、バリーはこの問題が深刻であることを指摘している。すなわち、もしも動物もある種の権利主体としてむやみに虐待されてはならないならば、国家は動物を保護することを国民に強制しうるのではないか。そしてもしそうであるならば、最小国家論には程遠い事態になるだろうということである。（バリー［1986＝1990：178］）

（6）「パターナリズムは、国家には許されないがコミュニティなら許される」（Nozik［1974＝1989］）。

（7）もちろん、もし援助交際する少女たちが最強の社会的権力者であるならば、彼女たちは常に「自己決定」を実力で他者に強制しうるので、自己決定権は侵害され得ない。
　そのときはたしかに、国家による制限だけを排せば（彼女たちにとっては）十分だろう。他の問題については後述。

（8）セクハラ等の問題でも同様だが、民事訴訟しか手段がない場合、人権を実質的に守ることはきわめてむつかしい。まして、子が親に生活費、学費等の大半を依存していたり、未成年の職業の自由が限定され、親権として親の職業許可権が認められていたり、学校が子どもの未来に対する決定力を大幅に持っていたりする現状では、子が親や学校に対して訴訟を起こすことはきわめて困難であろう。

（9）「権利対立」問題はリバータリアニズム、リベラリズムを問わず、自由主義の根本問題のひとつである。なぜなら「権利を守れ」という命題だけからは、複数の権利が対立したときにどちらを優先すべきか不明だからであり、したがってリベラリズム、リバータリアニズム内在的にはこれに答えられない。何らかの外的基準を持ち込むしかないのである。

（10）「自己決定の侵害」ばかりがパターナリズムと批判されがちな昨今であるが、この場合、親への拘束も十分パターナリスティックである。養育という「私的な」事柄に国家が介入し、「援助交際は悪くない」というひとつの価値前提に立ち、それをそうとは考えない他者に押し付けるからである。

(11) 念のために断っておくが、筆者は「パターナリズム」や「国家の「私事」への介入」を無前提に悪だと決めつけるリバータリアニズムには与しない。ここで批判しているのは、もしもリバータリアンが援助交際の自己決定権を主張するなら、自己の価値前提と矛盾する結論に導かれる、ということである。さらに、親が全面的に性に関して恣意的な教育を施してもよいとは言っていない。実際、「援助交際すべきだ」という自己の方針を子に強制するなら、それは強姦である。

(12) そもそも他者危害原則によれば、他者の人権を侵害していない限り行為は拘束できない。しかし、一方で人権最大化説を採用し、何でも自己決定権に属すならば（実際、自己決定権を幅広く「一般的な行為自由と解する説」も存在する。辻村[2000] 参照)、すべての行動主体の行為は人権であるから、それら同士のすべての争いごとは「人権間の争い」とならざるをえない。そして人権間の争いであるならば、どちらに軍配を上げても原理違反とならない。ならば、かりに国家がすべての争いごとに関して恣意的な立法を行ったとしても、他者危害原則には違反しない。ならばこの原則は、国家権力の制約根拠とはなり得ない。

(13) 裕福な男性は「もてる」可能性が一般に高いことを考えれば、貧富の性交格差はむしろ広がることが考えられる。そもそも市場が格差是正に働くという根拠などない。たとえば売春市場が徹底し、「客の醜さに応じて」売春価格を高くすることになる可能性さえありうる。そうなれば、市場外部で「もてる」男性は安価に買春することができ、市場外部でも「もてない」男性は高くて買えないという可能性すら考えられる。

(14) 社会には様々な格差がある。運動会で一番になる子とならない子がいる。金銭と時間がなくて運転免許をとれない人、金と時間を投資しても、不幸にしてとれなかった人もいる。ミスコンで優勝する女性もいれば、そもそもコンテストに出られない女性もいる（ミスコンについては永田［1997］）。こうした格差は是正すべき不公正なのだろうか（もしもそうだとするならば、少なくとも性交機会平等主義者は免許制やミスコンに反対するはずであるが、そうした主張はまず聞かない）。あるいは、これらは「合理的」であるが、しかし性交機会の格差は「不合理」なのだろうか。ならばその理由は何か。

(15) なお、田崎は売春に関して、他に稼ぐ手段のない女性にとって必要だという観点から売春の自由を主張している。為替相場の影響で、日本で売春すれば儲かる。それを止めようと言うなら、その分の賃金保障をすべきだと主張する。これは売春に対して社会権的な発想をするものであるが、筆者には驚くべき主張であるように映る。なぜならそれは、世界中のすべての人に対して、日本で売春したら得られるであろうだけの所得保障を（日本が）すべきだという主張になるからである。そうでないとしたら、日本に渡航することさえできなかった貧困者に対して不公正ではないか。そもそも売春が貧困対策であるとの主張には合意できない。ならば国内の貧困者は、売春の機会さえあればそれで稼げるはずであるから、生活保護等の福祉は不要なのだろうか。そうした主張は生活売春の維持とその正当化に貢献し、結果的に強制的、半強制的売春を支持する主張となってしまわないか。

(16) もしも両者が対立したならどうするのか。すなわち「自由意志による女性売春」がなければどうするのか。このとき「社会権」を優先させるならば、強制的に国が慰安所を作るべきだ、ということになろう。

(17) 憲法学には①自己決定権を一般的な行為自由と解する説、②人格的生存にとって必要不可欠な行為に限られるとする説がある。①の場合、すべての行為は自己決定権に属す。すなわち殺人も自己決定権に属することになる。しかしながらその行為は他者の生命権を侵すという意味で他者危害であり、そのために「人権ではあるけれども」制約されるという形となる。②の場合、人格的利益という観点から、行為を自己決定権として認められる行為と、そうとは認められない行為とに分ける。そして現在、定説は後者である（辻村[2000]）。

(18) もしも「対等に扱われないこと」「侮辱的な扱いを受けること」が精神的危害であることを認めるならば、リバータリアニズムも不公正や差別を他者危害と認め、その国家による統制に乗り出すかもしれない。このように、自由主義の内実は原理的な部分よりもむしろ、何が危害であるかの解釈に依存している。

(19) これらの可能性を考えると、現在の「危害」の解釈がジェンダー・ブラインドであるという可能性はやはり捨てきれない。すなわち危害の対象を暗黙に男性に限定しており、生殖にまつわる身体のリスクや損害、社会的意味づけなどをほとんど無視してきたという点で。

(20) さらに宮地は、むしろ一部の男性が、女性への支配欲から意図的に女性を妊娠させ、中絶させること自体に喜びを感じているのではないかと述べる。もしもそうだとするならば、さらに過失犯と計画犯とに分けたほうがよいかもしれない。

(21) こうした視点からの分析として立岩[1997]。

(22) 横浜市の山林で、生後間もない赤ん坊が捨てられ、死亡した（つまり殺された）という事件があった。母親は未成年女子、同棲相手の未成年男子が捨てたものである。ところがのちに、父親はこの男子ではなく、中年男性であることが明らかになった。「自己」決定派の論理に従えば、このようなケースにおいてもこの中年男性は何ら他者危害原則に違反していないため、罪はない。同様に、フィリピンにおいて日本人買春男性の子どもと見られる捨て子が多いことについても、この男性らはたんに性を消費しただけであり、売春女性の「自己責任」なのであるから、他者危害原則に違反していない。現在、日本の未成年女子中絶率が増加しているが、これも未成年女子の「自己」決定力不足に帰因するものであり、避妊教育によって彼女たちが「自衛」すべき問題であって、その中絶の原因となった男性には何の関係も責任もない問題なのであろう。

(23) 宮地はこの点について、「精液保存キット」による解決策を提言している。すなわち女性は性交したら精液を保存しておき、鑑定を行って父子関係を同定できるようにする、という策である。買春においてはさらに匿名性という問題があるため応用は困難であるが、その他の一時的な関係についてはきわめて有効であろう。

(24) この男女間の不公正はきわめて大きい。女性が子どもを産んだ場合には、売春によってであれ何であれその再生産責任を問われ、私的にそのコストを負う。責任放棄は法的にも、また社会的制裁という意味でも追求される。一方男性は、子に対し血縁関係がないといって嫡出否認の訴えを起こす権利をもつ（民法によれば、訴えの利益があるならば、任意の子に対して男性は嫡出否認の訴を起こすことができる）一方で、買春のように自己の血縁の子であってもそれを捨てる権利をもち、しかもその遺棄は法的にも社会的にも一切責任を問われない。なお、再生産責任上の不公正については永田[1997] および[1998] も参照されたい。

(25) ドイツでは人格権のひとつとして「自己の血縁を知る権利」が認められているという。それにもとづき非嫡出子が母に対し父を明らかにするよう請求する裁判があり、州最高裁はその請求を認めた。またドイツ法律家協会で、ＡＩＤの子が血縁を知る権利を侵されてはならない旨の決議を行うなど、この権利をめぐる議論が活発に行われているという（光田[1999]）。

(26) 合意による奴隷契約を認めたノージックも、この契約には異を唱えなくてはならないはずである。

なぜなら子ども本人の合意が欠落しているからである。

(27)　さて、筆者の上記の主張に対して、次のような批判がある。「子どもの養育は性行為者などでなく、社会が引き受けなければならない」。ようするに、子どもを親などに任せておけない、児童虐待をどう考えるのか、国家や社会こそが養育責任を負うべきだ、ということである（佐藤〔2000〕）。社会「も」養育を引き受け、児童虐待から子どもを守るべきなのはあまりにも当然の前提である。子どもは社会の公共財としての側面をもつ（永田〔1997〕）し、何より子どもの生命権は絶対であるからだ（永田〔1997〕の親権の限界についての記述を参照されたい）。だが、それと買春禁止との間に矛盾は生じない。「親権の濫用」や「親が責任を果たし得ない」ことから子どもを守ることと、「責任放棄を禁ずる」ことや、「責任放棄に罰を与え」たり、「責任放棄者から費用を徴収したり」することとは両立するからである。もちろん、親が私的に養育を担ってはならず、すべての子どもは公的費用で、公務員によって育てられるべきであるならば、その場合「買春の再生産責任放棄問題」は生じない（ということはすでに述べているし、それが満足できる制度ではないことも述べている（永田〔1997〕）。すべての個人に再生産責任を負わない自由があるならば、「必ず責任追及される女性」と「免除される買春男性」との間の不公正も生じない。また、他にもよりよい再生産制度がありうることはまったく否定するものではない。だが、それならそれで、買春の自由を主張する前に社会の再生産制度全体の改変を主張するのがスジではないか。そうでなければ再生産を女性にのみ負わせたまま、買春者だけがそこから逃げる「自由」を主張していることにしかならない。

(28)　ロジックとは関係ないが、少子化し、育児コストが上昇し、父親の責任が強く問われるようになった現在、こうした思考自体が「時代遅れ」の感は否めない。

Ⅲ

第六章　価値中立性と暗黙の価値前提をめぐる闘争

――フェミニズムとリベラリズムのパラドキシカルな関係――

江原　由美子

1　はじめに

本書は、巻頭に明記したように、「フェミニズムとリベラリズムの関係」を主題としている。この二つの思想の関係は複雑に入り組んでいる。近代フェミニズムは、啓蒙主義とフランス革命の影響を受けて成立した。現実の市民革命は、女性解放という観点から見た場合には、啓蒙主義の「平等」という理念とはほど遠い体制を作り上げたにすぎなかった。ここに、啓蒙主義の忠実な継承者として、真に「自由で平等な社会」の形成を求める近代フェミニズムが成立する。

他方、近代市民革命の思想を引き継いだリベラリズムは、一九世紀において、産業革命を正当化する政治思想として展開をとげていく（第三章岩瀬論文参照）。その体制において不利な位置に置かれた人々から見れば、もはやリベラリズムは、変革と革新の思想ではなく、体制を正当化する「現状維持の思想に反転」していったのだ（第一章岡野論文参照）。市民革命と産業革命の後の近代産業社会において革新思想の位置についたのは、リベラリズムではなく、むしろ社会主義思想など「集団単位の思考」（第二章塩川論文参照）であった。フェミニズムにおいても、マルクス主義や社会主義の影響を受けた立場が、この時代全盛となった。他方リベラリズムの側でも、「自由であるための条件、とりわけ公平や公正に焦点を当て」ることで、現状維持の思想ではなく変革を論じられる思想への脱皮が図られた。その結果、リベラリズムは論者によって極めて多様な立場が生まれることになった（第五章永田論文）。なによりも自由を重要視し、公私分離の前提のもとで公的権力が私的領域に介入することを否定し、「最小国家」をめざす古典的なリベラリズム（永田氏の定義によればリバータリアニズム）では、社会問題に対応できないことが明確になったからである。

二〇世紀に入ると、民族主義や社会主義を標榜する現実の政治体制がはらむ問題が次第に明らかになってきた。その「集団単位の思考」に基く政策の矛盾や危険性（塩川論文）が、ナショナリズム国家の全体主義的体制や社会主義体制内の粛正などの出来事によって、明らかになったのである。他方、リベラリズム国家のイデオロギーに対する批判的考察は、近代啓蒙思想の人間中心主義が暗黙に伴っていた西欧中心主義や男性中心主義を批判的に解読するポストモダン思想を成立させた。

二〇世紀末において社会主義国家が崩壊に向かうと、社会主義＝革新という思想の位置づけは、完全に失われた。

「人格を目的として扱う」リベラリズムと、その「人格」概念を中心とする人間中心主義の「脱構築」をこそめざすポストモダン思想は、本来相対立するはずである。しかしこの両者は、階級・ジェンダー・民族など「集団単位の思考」に基く社会運動の抑圧性を指摘する点においては、共通点を持つ。ここに、古典的リベラリズム／マルクス主義・社会主義などの「集団単位の思考」／ポストモダン思想という三つの思想群が、①個人の自由な社会的実践を重視するか／階級・ジェンダー・人種・民族など集団単位の社会運動を重視するか、②主体の確立を重視するか／主体の「脱構築」を重視するか、③価値中立性・普遍性という立場が成立することを前提とするか／価値中立性・普遍性という立場はかならず特権的立場であるにすぎないことを主張するかなどの点において、相互に連携しつつ他を批判しあいながら三つ巴の論争を繰り広げる今日の思想状況が生まれてくることになった。かつて社会問題に対応できないことが明確になったはずの（古典的）リベラリズムが、「革新性・斬新性」（永田論文）を持つ立場であるかのように立ち現れている日本の言論状況は、このようなことを背景にしている。

他方フェミニズムは、一九六〇年代以降リベラリズムと社会主義の桎梏をともに乗り越えて固有の思想展開を行うようになる。しかしまさにそれゆえにフェミニズムにおいても、同様の論争が繰り広げられることになった。フェミニズムは、リベラリズムと同じく、女性を「個人として」解放することを求めてきた。しかし、まさにその過程においてフェミニズムは、既存のリベラリズムの論理が「男性中心主義」という「暗黙の価値前提」を伴っていること、すなわちその「個人」とは、暗黙に男性の持つ「身体の内的・外的条件」（岡野論文）を伴っていることを、告発せざるを得ないことになる。しかしこの告発に基く主張は、思想の中に性別という「集団的カテゴリー」を持ち込むことになりがちであり、集団的カテゴリーというものが常になにがしかのズレを伴うものである（塩川論文）ことを考慮すれば、他者に抑圧的な効果を与える主張になってしまう可能性（第四章瀬地山論文参照）がある。リベラリズムは、「善の特殊構想に基く思想」が陥りがちなこうした他者抑圧の危険性を、「理性を持ち、自己にとって何が善きことか判断できる」個人を人格として平等に尊重するべきだという道徳的要請を行うことによって、抑止するところにこそ、主眼がある思想である。ここからすれば、フェミニズムの主張も、やはりリベラリズムによって、吟味される必要があるということになる。しかしそうだとすれば、ここに成立していることは、批判される立場が最後には批判する立場を飲み込み、批判する立場が最後には批判される立場によって飲み込まれるような、奇妙な関係ということになるだろう。フェミニズムは、リベラリズムの「男性中心主義」という「暗黙の価値前提」を批判していたはずなのに、いつのまにかフェミニズム自身の「暗黙の価値前提」を批判される側に立たされることになるのであるから。フェミニズムとリベラリズムの間には、このような奇妙な関係が成立しているのである。

しかし、そうした奇妙な関係のそもそもの根拠は、フェミニズムがリベラリズムの「暗黙の価値前提」を告発する時すでにはらまれていたと考えることもできる。なぜならこうした告発は、「真のリベラリズム」を求める主張としても、リベラリズムとは異なる主張としても、解釈しうるのであるから。一体フェミニズムは、リベラリズムの最も忠実な継承者なのだろうか、それともその立場の根源的な批判者なのだろうか。フェミニズムとリベラリズムの関係を考察することとは、こうした錯綜した問題群に分け入っていくことなのである。以下においては各章の考察に基きつつ、このフェミニズムとリベラリズムの錯綜した関係をより子細に見ていくことにしよう。

2　「身体の外的・内的条件」という観点
——岡野論文をめぐって——

第一章の岡野論文「リベラリズムの困難からフェミニズムへ」は、巻頭にふさわしくこの問題に真っ向から向かい合った論文である。岡野氏は、「リベラリズムの思想には、フェミニズムの思想とは相容れない『なにか』が存在する」という認識を示し、「いったい『なにが』この両者を相容れない思想としているかを見極めること」を課題として設定する。

この課題の遂行のために岡野氏は、まずリベラリズムが今なお社会的「批判力」を有しているとすればそれはどこにその源泉があるかという問いを提起する。岡野氏によればそれは、「経験的社会に先立ち、ひとは何よりも自由である〈べき〉だ」と主張すること、すなわち「道徳的人格」こそ「価値の源泉」であるゆえに、政治は「人格の自由」を保持しうることこそを第一の旨として行われる〈べき〉であり、したがって「道徳」や「人格」の内容いかんにかかわらず、まずすべての人がその「道徳的人格」を平等に尊重されなければならないという要請をすることにこそ、あるという。リベラリズムは、「わたしたち一人ひとりが（道徳的人格を平等に尊重するという）道徳的共同体に属しているということをまずは承認しあう〈べき〉だ」という道徳的要請を行うことによって、現実社会への「批判力」を保持し、変革を促してきたのだと。

岡野氏は、このリベラリズムの「批判力」は、フェミニズムの主張となんら抵触しないという。リベラリズムとフェミニズムの間に緊張と乖離が生まれるとすれば、このことにではなく、「現実世界のなかでいかなる自己と社会を構想するか」ということにこそ、根を持っているのだと。ではリベラリズムは、どのように「自己と社会を構想する」のか。リベラリズムは、「社会に位置づけられる以前の道徳的人格は、自らにとって何が善きことか合理的に計算でき、選択でき、さらには他の人格との間に契約を結ぶ潜在能力を持っていると想定する」。この「前社会的な人格」の持つ潜在能力は、実際に人々が、「社会においていかなる具体的な位置を占めているか」、「どのような身体的特徴を持っているか」などによっては、左右されないと想定されている。したがって具体的な社会における個人の自由は、なによりも、「自らの意志に従い行為することを妨げられないといった、消極的自由として保証されなければならない」ということになる。そこで、「個人が誰からも邪魔されずにその潜在能力を発揮できる場としての私的領域と、具体的な権利・利害関係・ニーズの個々の主張を間人格的関係性の中で調整し、私的な個人が潜在能力をよりよく発揮するための条件づくりをしていかなければならない公的領域とをはっきりと区別する」必要が生じる。これが、リベラリズムがその根本におく規範の一つである公私分離の規範である。公権力は、個人が「自らの幸福／善／生の目的を追及する」場であるところの私的領域には関与することなく、もっぱら「公的領域における公正さ」を実現することに自らの力の行使を限定しなければならない。また、全ての個人が潜在能力においては同じ能力を持っていると想定されるので、機会の平等さえ確保されれば、「結果の相違はなによりも、個人のその後の選択・選好・能力（努力）の結果」として解釈されることになる。ゆえに結果にいかなる相違が生じても、リベラリズムは、その相違を社会構想において変革されるべき問題とは見なさないのである。

このリベラリズムの「自己と社会についての構想」は、フェミニズムとの間にどのような乖離や緊張を生むのか。岡野氏は、リベラリズムはその「批判力」を「現実の自己と社会の構想」に結びつける段階において、「現状維持に荷担してしまう反転の論理」を持っていると主張する。それはリベラリズムが、「身体に関わる諸々の外的・内的条件を全く考慮することなく」、形式的な機会の平等さえ確保すれば「平等で自由な主体が存在しうる」と考えることにこそ、理由がある。「ここで考えてみよう。私のこの身体はどうなのか、と。」リベラリズムは、「すべての人は具体的現実を離れた／脱身体化された人格を享受していると政治的に宣言する。」けれども現実には、私たちは、性別・年齢・健康・運動能力・居住地の気候環境・社会環境など、「身体に関わる外的・内的条件」

を異にする。果たしてこの「身体に関わる外的・内的条件」は、「リベラルな社会が諸個人の意志の自由を尊重するがゆえに、機会の平等を確保するため、政治的介入によって社会的に整備するべき社会条件であるのかどうか。」リベラリズムは、この問いに直面する。

これまでリベラリズムにおいては、『自然における』相違の結果生じた不平等は政治が介入し是正しなければならない社会的不正義とはいえない」といった議論が繰り返しなされてきた。ここに、リベラリズムの「批判力」は、むしろ「現状維持に加担」することになる。たしかにリベラリズムは、「社会が作り出した不平等に対しては」それを不正義とみなし政治的介入によって不平等を是正しなければならないと言う。しかし、同時にリベラリズムは、「『自然における』不平等」は、単に「不運」にすぎないとも主張する。この論理にしたがえば、リベラリストが「リベラルな社会」と見なす社会における不平等は、「本人の選択・選好・能力（努力）の結果」か、「自然的所与がもたらした不運」か、そのいずれかであるといくらでも断定できてしまう。「社会は自由であるはず」なのだから、「彼女が不自由『である』のは彼女の問題」であり、政治はそのことに何ら責任を負う必要はないのだ。このような論理は、現実社会に対して「批判力」を行使するどころか全く逆に、現実社会を維持することを正当化することになる。岡野氏は、これを「反転の論理」と呼ぶ。

しかし、リベラリズムが直面している問題は、この「自然的所与」をめぐる「反転の論理」にだけあるのではない。「明らかに制度上もたらされた社会的不平等に対しても、リベラリズムは『自己矛盾的困難』を引き起こしている」と、岡野氏は言う。リベラリズムは、「一人ひとりの個人が抱く生の構想」は、「それぞれに通約不可能」であり、「誰もいかなる構想がより優れているかを判断できない」し、「判断するべきでもない」という信念を基盤としている。したがって、「選択の自由はリベラリズムにとって、重要な価値の一つ」であり、その選択が善であるかどうかということには関わりなく「選択の結果」は尊重されるべきだということになる。けれども、セクシュアリティなどに関し、マジョリティの人々がマイノリティの人々に対して激しい敵意を持ち、マイノリティの人々に負の烙印を押しつけたり、排除したりしているような状況がある場合には、この「選択の自由」という言説は、この敵意を減少させるためには全く効果を持たない。なぜなら、「諸個人の善には介入しないのだから、マイノリティの人々も尊重しよう」というリベラリズムの言説は、マイノリティの人々の善、「生の構想の内容」には一切触れることなく、単にそれが彼ら／彼女らの「選択の結果」だから尊重しなければならないという論理を繰り返すだけになる。

他方、マジョリティの人々は、自らの保持している善を、単に「選択の結果」だから尊重しているのではなく、「神聖な価値」「高貴な目的」を持つから尊重しているのであり、彼ら／彼女らはマイノリティの人々をその「神聖な価値」「高貴な目的」に反していると断定するから、マイノリティの人々を排斥しているのである。リベラリズムの言説は、善の内容は問わないという立場から、マジョリティの善がはらむ独善性を問わないままに放置する。結果として、社会の中で、マジョリティの人々の善とマイノリティの人々の善は、明らかに異なる位置づけを与えられてしまうことになる。このことは、リベラリズムの前提であるはずの「諸個人の善／生の構想の優劣は判断できないしするべきでもない」という信念と矛盾するはずである。しかし中立性の要請にしたがって「生の構想の内容」に一切触れないことによって、リベラリズムは、こうした矛盾を覆い隠し、マジョリティの人々の善（そこにはマイノリティの人々の善に対する敵意も含まれている）を正当化し温存する。他方、マイノリティの人々の尊厳は、「選択の自由」のみに根拠を求められ、そのことによって、彼ら／彼女らに対する社会的負荷も強化されるのである。すなわち、リベラリズムの「選択の自由」という言説は、マジョリティのマイノリティに対する敵意や抑圧を温存し、再生産してしまうと、岡野氏は言う。

こうした考察から、岡野氏は、リベラリズムとフェミニズムの乖離や緊張の所在を、「リベラリズムが、あくまで抽象的理念として平等で自由な人格を想定しながら、社会構想に向かう以前にすでに特定の身体的能力と特徴、社会的位置づけを前提としてしまっている」ことに求める。特定の「身体の外的・内的条件」を前提としたうえで、それを「自然的所与」と見なしてしまうことで、リベラリズムは、現状維持の「反転の論理」や、マイノリティに対する敵意や抑圧を温存する論理となってしまう。しかし、フェミニズムにおいては、特定の「身体の外的・内的条件」を暗黙に前提にするのではなく、その多様性を明らかにすることこそが関心の焦点であり、身体を「自然的所与」と見なすのではなく、身体こそが「社会化されている」と見なすのである。すなわち、リベラリズムが「不問」に付した「身体の外的・内的条件」こそ、フェミニズムがその社会構想において最も考慮すべき重要な条件なのだ。私たちは、「リベラルな社会」に生活し「現に自由で『ある』」

のだから、異なる「身体の外的・内的条件」を「不運」として甘受しなければならないわけではない。それでもなお私たちは、「自由である〈べき〉だ」と言うことができるのであり、それこそがフェミニズムなのだと、岡野氏は言う。

この岡野論文は、革新の思想であるリベラリズムが、どのような論理で「現状維持に荷担する思想」あるいは「少数者抑圧の思想」に転化するのかを、読み抜いた迫力あふれる論文である。岡野氏は、リベラリズムに内在的に、リベラリズムの構成要素（公私分離規範・私的領域不介入主義・最小国家論・機会の平等など）を再構成する。こうしたリベラリズムの構成要素は、「道徳的人格はそれぞれ独自であり比較できないしするべきでもない」という信念、すなわち「すべての人は道徳的人格として平等に尊重されるべきだ」という信念を基盤としている。この「抽象的理念としての人格を尊重することへの道徳的要請」こそ、現実社会が何であれ、「それでも人は自由であるべきであり、平等に尊重されるべきだ」という主張を可能にし、リベラリズムに現実社会を批判する社会的批判力を与えてきたのである。

すなわち岡野氏は、瀬地山氏がリベラリズムの中心的思想として取り出す「『何が善か』という判断は個人に任されるべきであり、社会は誰もが、『何が善か』ということについて自分自身が行う判断に基いて行為することを妨げられことがないように構想されるべきだ」という思想を、「現実世界が何であれ、それでも人は自由であるべきであり、平等に尊重されるべきだという道徳的要請を行うこと」から生じる思想として位置づけた上で、それを高く評価する。フェミニズムはこのリベラリズムの思想とは「抵触しない」と。この点において岡野氏は、瀬地山氏と共通する点を持っている。しかし岡野氏は瀬地山氏とは異なり、こうした思想が、「現実世界の中でいかなる自己と社会を構想するか」ということになると、「現状維持に加担」する論理に反転しまうと論じる。フェミニズムとの関わりでいえば、リベラリズムは、「身体の外的・内的条件」の相違を考慮しないことによって、形式的平等さえ整えば、それで「平等で自由な主体が存在しうる」とおいてしまう。このようなリベラリズムは、「身体の外的・内的条件」を、「『自然における』相違」と見なし、そうした「自然における」相違には政治は介入する必要がないという主張を行い、性差別を現状維持のままに放置する。しかし実のところ、こうしたリベラリズムは、「抽象的理念として平等で自由な人格を想定しながら」、暗黙に〈男性異性愛者などの〉「特定の身体的能力と特徴、社会的位置づけ」を持ち込んでしまっているのである（この論点は岩瀬氏や永田氏と重なり合っている）。その上で岡野氏は、「身体は自然的所与」なのではなく「社会化されている」と主張し、社会構築主義の方向を示唆しながら、フェミニズムとリベラリズムの相違を、この「身体の外的・内的条件」を考慮するかどうかという点に求める。すなわち岡野氏は、フェミニズムとリベラリズムを、「現実世界に先立ってひとは〈自由〉であるべきだと見なす」点においては重なりあいつつも、「現実世界の中で『身体の外的・内的条件』の相違を考慮するかどうか」という点においては「相容れない」思想と、みなすのである。この岡野氏のフェミニズムとリベラリズムの関わりに関する考察は、先に私が「リベラリズムとフェミニズムの奇妙な関わり」と論じた錯綜した関連性に、明解な定義を与えるものと言い得るだろう。

しかしここでは敢えて、岡野氏の考察についてさらなる問いを提起してみることにしよう。岡野氏は、リベラリズムの社会批判力を、「経験的社会」に先立って人は「道徳的人格として平等に尊重されるべきである」という道徳的要請を行う点に求め、またこの批判力は、「現実世界の中での自己と社会の構想」に際しては失われ現状維持に加担していくと主張する。しかしもしそうであるとすれば、岡野氏のいうところの「反転」は、リベラリズムがまさに「経験的社会」に先立ってそのような道徳的要請を行うこと自体に含まれる、避けえない必然性としても解釈できるのではないか。その二つは、本当に区別しうるのか。いかなる思想も、実際には、具体的な社会的状況の中の具体的な文脈における意味を含まざるをえない。そうであれば、「社会に位置付けられる以前の道徳的人格は、自らにとって何が善きことか合理的に計算でき、選択できる」というリベラリズムの想定こそが、「経験的社会に先立って、ひとは自由であるべきだ」と道徳的要請を行うことを導いているると解明することもできる。すなわち現実はどうであれなによりも「ひとは自由であるべきだ」ということを第一の旨として「自己と社会を構想する」こと自体が、実のところ、特定の「身体の外的・内的条件」を前提することであり、すなわち現実世界の中の特定の自己と社会の構想を行うことに他ならないと、解釈することもできる。

すべての人が最初から成人して生まれてくるならば、「自らにとって何が善きことか合理的に計算でき、選択できる」という想定も妥当かもしれない。しかしそうでないことは自明である。すなわち人は、養育される必要性があるのだ。ここからすれば我々は、我々が存在すること自体において最初から、他者を養育する責任や養育する義務を負っていると、考えることもできるのである。したがって、「人は社会に位置づけられる以前に自らにとって何が善きことか合理的に計算でき選択できる」という想定を措くこと自体、養育される必要性がない「成人」という特定の「身体の外的・内的条件」を前提とすることであり、また養育責任や養育義務を放棄しうる「男性」という特定の「身体の外的・内的条件」を前提とすることであると、解釈することもできるはずである。たとえば岩瀬氏は、最初のフェミニストであるメアリ・ウルストンクラフトが、この養育の義務を男女双方の義務としこの義務を果たす者のみが「自由」を与えられると考えていたと、主張する。また永田氏は、リバータリアンの「性的自己決定権」の主張は、再生産責任が女性にのみあるという前提に立っていると主張する。

このようにフェミニズムは、そもそもの最初から今日に至るまで、「人は養育される必要があるのであり、したがって人は男女平等に養育義務を負っている」ということをこそ前提とするよう主張していると考えることも、できる。だとすれば岡野氏がリベラリズムの中に見出したフェミニズムにも共通する社会批判力は、それ自体すでに、特定の身体的条件を前提とすることによって「反転」することを必然的に運命づけられていたと解釈することもできるのではあるまいか。とするならば、リベラリズムの中に批判力と「反転の論理」の二つを見出し、その二つを区別することでフェミニズムとの関わりを論じる岡野氏の立場は、そもそも成立しうるのかという問いが、生じる。あるいは、この二つが区別できないという同じ論点を使用することで、この問いを逆転させることもできるかもしれない。もしリベラリズムが「現実世界の中で自己と社会を構想する」に際し「反転の論理」を必然づけられているのならば、フェミニズムが「現実世界の中の多様な身体の外的・内的条件の相違」を考慮する際にも、同様の「反転の論理」を必然づけられているのではなかろうか。そうでないとどうして言い得るのか。いかに多様性に注意を払いつつも、現実世界の中の「身体の外的・内的条件」を考慮しようとすることは、結局のところ特定の「身体の外的・内的条件」を前提にすることになってしまうのではないか。その時、「それでもなお私は自由である〈べき〉だ」という批判力によって、批判されるべきなのは、フェミニズム自体ということになるのではないか。この論点については、次の塩川論文を考察することによって、さらに詳しくみてみることにしよう。

3　集団単位の思考の重要性と危険性
――塩川論文をめぐって――

第二章の塩川伸明氏の論文は、岡野氏が「リベラリズムとフェミニズムの相違」として取り出した論点、すなわちフェミニズムはリベラリズムが「自然的所与」として社会構想の考慮外においた

「身体の外的・内的条件」を考慮する必要があるということを出発点として、考察を開始する。すなわち、フェミニズムが「身体の外的・内的条件」を考慮し、「女性という集団」に即した主張を行う時、その主張がはらむ危険性を、「集団単位の思考」の危険性という視点から考察していく。こうした塩川氏の論述は、リベラリズムとフェミニズムの関係を、「個人主義対集団主義」という視点で考察するものとしても、位置づけうるだろう。

個人の、「身体の外的・内的条件」（すなわち年齢や性別や民族や人種や社会階級・階層等）は様々に相違する。人間はその共通性や相違によって、集団性を形成している。したがって「身体の外的・内的条件」を考慮するということは、具体的社会構想においては、集団性を考慮した社会構想につながっていく。塩川氏は、そうした思考の正当性を十分認めるところから出発する。けれども、そうした思考が何かしらの危険性をはらんでいることも確かなことである。ではこの危険性とは何なのか、その危険性を踏まえた上で、性差別問題や民族問題などを解決する方策を考えていくこと、これが塩川氏の論文の主題である。

塩川氏がこのような問題を考えるようになったきっかけは、ソ連研究者として、スターリニズム、ソ連の東欧支配、ソ連領内の少数民族問題などを考えてきたことにあるという。ソ連という国家は、リベラルな社会＝資本主義社会における階級支配を否定し、階級なき社会の建設を公式イデオロギーとして成立した国家である。岡野氏がリベラリズム内在的に骨格となる思考様式・論理をとりだして提示してくれたように、リベラリズムは「抽象的な道徳的人格を尊重すること」を目的とし、具体的な個人の身体や居住の自然・社会環境による相違を考慮しない。したがってそこでは、そうした相違によって形成される集団性を考慮することは、リベラリズムの対極にある思考様式として、むしろ激しく否定されることになる。他方、こうしたリベラリズムのイデオロギーに対してもっとも激しく対立し、リベラルな社会における階級（という社会環境）による支配・抑圧・搾取を暴いたのが、社会主義思想であった。したがってむしろ社会主義国家においては、リベラリズムが否定する「集団単位の思考」こそが、公式イデオロギーとなる傾向がある。文化大革命期の中国において、出身階級が個人の運命にどのような影響を与えたかを、思い出してもよいだろう。塩川氏が、まず「集団単位の思考」を認め、しかしだからこそ、その危険性を考察することを主題として設定するのは、こうしたリベラリズムと社会主義の歴史を考えた場合、当然すぎるほど当然のことと言ってよいかもしれない。

塩川氏が考察の対象とするのは、「ある集団が他の集団を支配したり抑圧したりしている」という事態があった場合、それに対して表明される「抑圧者集団を批判あるいは糾弾し、被抑圧者集団に同情する」という態度である。こうした態度が正当であることを認めた上で、塩川氏は、「そうした対応の単純な図式化・キャッチフレーズ化には種々の問題がある」と、列挙する。ここから塩川氏は、「抑圧＝被抑圧関係は厭わしいものだという素朴な直観的把握を見失わないようにしながら、それが安易な図式主義や事なかれ主義や逆差別などに導かないようにするためには、どのように考えたらよいのだろうか」という課題を設定する。

塩川氏がまず問題にするのは、「個々の点では多様な違いを含む集団」を、被抑圧者集団・抑圧者集団などとカテゴリー化するのはどういうことなのかという「原理的な問題」である。「どのような線を引いてどのような単位を取り出すかは、決して一義的ではなく、その線の引き方によって、集団的対抗の構図が異なってくる。」また、どのような集団であろうとも、その集団の内部には多様な性質を持つ個人を含んでいるのであり、したがって、そうした集団が「共有する」性質を仮定するとすればそれは「本質主義」につながっていく。単に抑圧者集団が被抑圧者集団を定義する場合だけでなく、「非主流派や少数者が独自の集団的アイデンティティを主張しようとする」場合にも、同じである。しかしだからといって、「各人ごとの個性の差を強調する」主張のみでは、「既成の秩序に対抗する団結を生み出すことはできにくい。」この問題は、フェミニズムにおいても馴染みぶかい問題である。「フェミニズムの性差最大化論と最小化論の論争も、この問題と関係している。」

この問題は具体的にはアファーマティヴ・アクション、格差是正のために少数者に特別な権利を付与する政策というものの是非という問題につながっていく。確かに格差是正のためにはこれまで差別されてきた人たちをカテゴリー化して優遇する政策も必要だろう。しかし、カテゴリー化は常にズレを発生させる。「強者」としてカテゴリー化された人たちの中にも、劣悪な状況に置かれた人もいる。また特定のカテゴリーの人々を優遇する政策は、往々にして「他の弱者へのしわ寄せ」になる。またそうしたアファーマティヴ・アクションは、かえって差別意識を温存することにもなる。「暫定措置」として位置づけることもできるが、どの段階においてその「暫定措置」を解除するべきかという論争は不可避である。

こうした（フェミニズムにとっても馴染みぶかい）問題を考える上で、ソ連の経験は重要性を持つ。現在、旧ソ連領内において、民族主義・ナショナリズムの噴出が武力衝突や民族間の対立を生み出しているが、その原因は、ジャーナリズムにおいてしばしば論じられているような「社会主義政権は各種差別を温存した」ことにあるのではない。「問題のもっと深刻な側面は、もっと違った点にある。」社会主義政権下では、「ある種のアファーマティヴ・アクション的な政策がとられてきており、現状はむしろそれへのバックラッシュとして生じていることが多い。」「それまで存在してきた格差を是正するための方策を国家主導で採ったことが、それへの反発として、新しい対抗関係を生み出したのである。」「差別克服を目指すはずの方策がむしろ逆の結果」を生み出したのだと。

「被抑圧者集団が団結して地位向上のために闘う」時、「集団としての団結が強調」されるが、こうした強調は内部の異論を封殺することが多い。また「集団としての闘争を推進する人々は、特定集団を感情的に美化し」、非合理主義やロマン主義によって人々を動員する戦術をとりやすい。こうした戦術は、しばしば紛争を硬直的なものにする。こうした問題に対して、「弱い者」の集団主義を正当化し「強い者」の集団主義を不当とするような解決策がとられることもあるが、両者はしばしば連続的であり、こうした区分けがいつもうまくいくわけではない。「最も抑圧された者の立場に立つ」という考え方もできるが、「最も抑圧された者」は、「敵の敵は味方」という論理により、より強い立場の者に庇護を仰いだりするなど、「大きな抑圧者の『共謀者』とさえみなされる場合」もある。また、少数者集団内部の矛盾を軽視するのは、指導者とは限らない。むしろ、一般構成員自身が、「抑圧されている諸個人の持つ切ない夢」によって、異質性を否定するような幻想を持っていることが多く、その幻想を否定することは簡単にはいかない。

かといって内部の異質性を最大限尊重する立場をとれば、「個人が最終単位」となり、「集団単位の思考」の範囲を越えてしまうことになる。すなわち、「集団単位の思考」をとる限り、内部の異論を封殺したり異質性を無視したりするという危険性を避けることは困難である。しかしだからといって、「集団性が大きな役割を果たしている」という現実を無視することはできない。「集団の文化というものは、たとえ固定的・宿命的な実体として存在するわけではないにしても、歴史的に形成された関係の束としては確かな現実性を持つ。」また「団結というものをとりわけ必要とし、集団性にこだわらざるを得ない」のは弱者の側であり、「集団性にこだわらず、個人として考えるべきだ」という主張は、「強者」側に属する知的エリートから出てくることが多い。集団カテゴリーを否定すること自体に、すでに一定のバイアスが含まれているのである。

このような考察に基いて塩川氏は、論者自身が置かれた立場を考慮した場合、論者がいかなる態度をとりうるかという問いを立てる。「抑圧者集団」対「被抑圧者集団」という問題に対しては、論者は、自分自身がいかなる立場におかれているのかということを無視して問題を論じることが困難になる。すなわち、同じことを言ったとしても、「誰が、どのような形で言うかによって、含意が異なり、それに対する反応も異なってくる」のだ。では、抑圧者集団あるいは第三者集団に属する論者は、こういう問題に対して、どういう態度をとりうるか。「自分自身が被抑圧者集団に属しているわけではないから、『内からの反省』をいう資格はない。」残る選択肢は、「居直り」「高見の見物」「応援団」「沈黙」しかないのか。

塩川氏は、「居直り」や「高見の見物」的態度は絶対にとりたくないと言う。しかし、「応援団」という態度も、「無責任」であるように感じるという。「ある意味では、『良心的な応援団』の態度をとるのは楽なことである。」「そのような態度をとることによって、発言の場を確保でき、その仲間内で、『自分たちは、被抑圧者集団側に立つ正義の味方だ』『進歩的だ』という自己確認をすることができる。」しかし、そうした態度は往々にして、少数者集団内部の矛盾に目を塞ぐことになりがちである。「自分は抑圧者集団の側に属するから、被抑圧者集団側の問題を批判する資格はない」と言って、そうした問題に目を塞ぐことは「無責任」ではないか。だとすれば、「被抑圧者に対して、友好的な立場に立とうとするからこそ、無責任な『応援団』ではなく、むしろ彼らの自己批判＝反省的態度を促すような接近をすべき」なのではないか。しかし、それは簡単ではない。なぜなら、『他者』を理解し、その理解に基いて内在的に批判することは困難」だからだ。

しかし、集団カテゴリーは絶対的なものではない。したがって、「私は〜集団に属する」ということも絶対的ではない。たとえ「同じ集団」に所属している他者でも、「完全な理解は極度に困難であり、誤解の可能性は常にある。」しかしだからこそ、その困難さを乗り越えて、「理解しようと努め、対話することは、可能であり、有意味な営み」なのだ。そうだとすれば、「異なる集団カテゴリー」に所属している他者であろうとも、「他者の行為についての自分なりの理解に基く批判は、誤解・無理解に基く的外れで無責任な批判になる可能性を常にはらんではいるが、だから絶対にすべきでないということにはならない」のではないか。それが「労多くして報われることの少ない作業」であったとしても、「それでもそのように努めるしかない」と、塩川氏は結ぶ。

先述したように塩川氏はこの論文において、フェミニズムを、民族主義や社会主義などと同じく、リベラリズムとは対立する「集団単位の思考」と位置づけ、フェミニズムも「抑圧者集団－被抑圧者集団」という「集団単位の思考」を持っていると、位置づけている（だからこそこの塩川氏の論文が書かれているのは、明らかである）。しかし、実のところフェミニズムと「集団単位の思考」との関わりは、それほど簡単ではない。なぜならこれまでのフェミニズム思想や運動の中には、「集団単位の思考」とは反対に、個人主義の立場に立ち女性に対して貼られた「女」という集団カテゴリーの撤廃を主な主張とする立場も含まれているからだ。たとえば、第二波フェミニズム運動においてラディカル・フェミニストなどが女性問題を階級問題になぞらえ「男性＝抑圧者集団／女性＝被抑圧者集団」という枠組みを適用しようとした時、ベティ・フリーダンがそれに対して強く批判したことはよく知られている。おそらくフリーダンは、リベラルな社会においてフェミニズムの正当性を確立するためには、フェミニズムを「集団単位の思考」としてしまうことは得策ではないと判断していたと思われる。したがって、フェミニズムにおいては、フェミニズムを啓蒙思想・リベラリズム思想の正当な継承者（遅れてきた近代主義者）と位置づける立場と、啓蒙思想・リベラリズム思想とは異なる立場と位置づける立場が、ともに含まれており、両者は思想的にしばしば対立してきた（だからこそ、本論集が編まれているのである）。したがって、フェミニズム全体を「集団単位の思考」として位置づけるならば、反論があがるのは必死であろう。しかし、岡野氏が（及び次の岩瀬氏も）適切に示しているように、フェミニズムにはリベラリズムには還元できない（それとしばしば対立する）要素が含まれていることも確かである。したがってここでは、塩川氏は、岡野氏や岩瀬氏と同じく、「フェミニズムとリベラリズムは本来異なる」という認識を提示しているのであり、その上で塩川氏は、その相違を「集団単位の思考」に求めているのだと解釈して、以下の考察を行っていくことにしたい。

塩川氏が旧ソ連領内の民族主義問題を事例として指摘する問題の所在は、近年におけるフェミニズム内部の論争と、おどろくほど一致している。本シリーズ4の『性・暴力・ネーション』において岡真理らが指摘しているように、現在、フェミニズム内部においては、これまでのフェミニズムは、暗黙に「女という同一性」を主張しうる西欧白人異性愛者女性のフェミニズムにすぎなかったのではなかったかという問いかけがなされている。塩川氏が指摘するように、「集団単位の思考」は、しばしばその内部において少数者を「抑圧」する結果を生む。しかし他方において、真に「団結を必要としている」のはむしろ少数者の方であり、「集団性にこだわるべきではない」という主張は単に強者の論理を正当化するにすぎなくなってしまう。この矛盾は、ポストモダニズムとフェミニズムの関わりに関して議論されてきた「フェミニズムの政治の可能性」に関する議論と、まさに平行的である。また、社会主義国家内での少数民族優遇策がいかなる結果を生み出したかという塩川氏の指摘も、アファーマティヴ・アクション（ポジティヴ・アクション）の導入を推進することを主張している日本のフェミニストにとって、非常に重要な指摘であることは言を待たない。

しかし、このような問題の重なりを十分認識しつつも、他方において、性差別という問題と民族差別問題の相違も指摘しうるように思う。たとえば塩川氏は、ソ連において少数民族優遇策のためにすべての人を何らかの「民族カテゴリー」に当てはめることが必要になり、その結果「民族カテゴリー」は公的書類によって繰り返し確認されることになった、そのことが民族「意識」を肥大させたり「差異」や「差別」観念の基盤になったということを、指摘している。この、公的書類によって繰り返し確認されることが「差異」や「差別」観念の基盤にもなるという塩川氏の指摘は、重要である。性別カテゴリーに関しても、公的書類においてすべての人をいずれかの性別に当てはめることが繰り返しなされていることは周知の通りである。しかし性別カテゴリーに関して言えば、そうした公的書類によるカテゴリー分類は、アファーマティヴ・アクションのために必要とされているわけではない。あらゆる公的書類において、必要・不必要の考慮すらなされないままに、性別分類が自動的に行われているというのが実情であろう。したがって性別カテゴリーに関する限り、「差異」や「差別」観念を発生させる基盤として、アファーマティヴ・アクションのために必要とされるカテゴリー分類を特に問題にする意味は、かなり小さいと思われる。このことは、集団カテゴリーの社会的使用の実情は、それぞれのカテゴリー（セット）によってかなり相違するということを、明らかにする。「集団カテゴリー」に言及する個人あるいは社会組織の実践の是非の評価は、こうした「集団カテゴリー」の社会的使用の実情を考慮してなされるべきであろう。以下では塩川氏の論文からはやや離れて、性別という「集団カテゴリー」の特徴を提示し、その視点から「集団帰属」という問題に対する塩川氏の論点への違和感を提示しておくことにしたい。

性別という「集団カテゴリー」の社会的使用の特徴は、集団形成という観点から見た場合、性差別問題が他のいかなる差別問題においても見出されない固有の構造的特徴を持っているということと、関連している。性差別問題においては、「抑圧者集団」に属する個人と、「被抑圧者集団」に属する個人が、カップルあるいはグループを形成し長期にわたって生活を共にする契約を行うことが一般的であるという特徴があり、このことが人々の性別カテゴリーの社会生活における頻繁な使用とその自明化を生み出している。すなわち社会制度において、性別カテゴリーは、同じカテゴリーに所属する人々の間の集団形成を促すために使用されているというよりも、むしろ同じカテゴリーに属する人々の集団形成を阻害し、「夫婦」「家族」などの集団形成あるいは社会組織内部の秩序形成をこそ目的として、使用されているのである。その秩序（江原［2001］参照）は、すべての社会成員を分類するだけでなく、性別カテゴリーに基く異なる役割を課してもいる。

このような「集団カテゴリー」による明確な役割配分規範は、他の差別問題においてはあまり見られないのであり、性差別問題の構造的特徴であると言いうるだろう。すなわち性差別問題においては、性別という「集団カテゴリー」は、抑圧された者の「集団帰属意識」のために動員される以前に、社会制度自体の集団形成・秩序形成のために、あたかも「自然的」なカテゴリーであるかのように動員されてきたのである。それゆえにフェミニズムにおいては、性別という「集団カテゴリー」を使用することの是非自体が、常に議論の焦点となってきたことは、先述した通りである。またあくまで私見にすぎないが、この同じ条件が性差別問題における「抑圧者集団」と「被抑圧者集団」の関係を非和解的・硬直的なものになることを効果的に抑制し、また「被抑圧者集団」（すなわち女性集団）内部の異論を比較的許容してきたと言いうるのではないか（まさにそれゆえにフェミニズムは社会を変革しうるほどには力を持つことができなかったとも言いうるだろうが）。すなわちフェミニズムにおいて、「女」というカテゴリーは、「非合理的・ロマン主義的」な「集団美化」に結びつけられるよりも、むしろその両義性こそが常に意識されてきたと言いうる。

この視点を、塩川氏の「集団単位の思考の危険性」についての考察、および論者の立場性が課す制約とその乗り越えについての考察に適用してみよう。私は、塩川氏の「たとえいかに労多く報われることの少ない作業」であっても被抑圧者集団に属する「他者の行為についての自分なりの理解に基く批判」を行っていくという決意を、高く評価する。そうした態度を貫くことの困難性を知るからこそ、こうした決意表明の背後にある厳しい自己省察を関知しうるし、こうした態度によって開かれる議論の場の有益性を知るからこそ、こうした態度表明に心から賛意を表したいと思う。しかしだからこそ、そうした決意表明・態度表明の根拠になっている「集団帰属」についての塩川氏の考え方に違和感を感じるとともに、そうした「集団帰属」観が暗黙に「抑圧者集団」「支配者集団」の側のそれではないかという疑念を持たざるをえない。塩川氏は、自分自身の「自集団に溶け込みきれない」という感覚を一つの根拠として、「集団帰属の非絶対性」を論じる。私自身、なかなか「自集団に溶け込みきれない」感覚を持つことが多いので、この感覚自体にはなんら違和感はない。しかしそうした感覚を、「集団帰属の非絶対性」や「自集団を越えた認識を持ち」うる根拠と位置づけることができるのだろうか。逆に言えば、「被抑圧者集団」は「自集団に溶け込んでいる」から、「集団帰属を絶対視」するような主張を行っているのだろうか。おそらくそうではない。フェミニズムにおいて「女」というカテゴリーが「集団美化」よりもむしろ両義性にこそ結びつけられきたように、おそらく他の差別問題においても、「被抑圧者集団」に属する人々は多かれ少なかれ自らの「集団帰属」に両義的な感覚を持ってきたのではないかと思う。

しかしだからといって、彼女ら／彼らの多くは、「集団帰属」の持つ「絶対性」の乗り越え難さを否定しようとは思わないだろう。なぜなら、彼女ら／彼らにとって、「集団帰属」という現実は、自分が「自集団に溶け込める」どうかといったことによってはなんら左右されない現実であること、すなわち「抑圧者集団」「支配者集団」の側の人々が自分をどう分類し自分にいかなる処遇を与えるのかということによって、「絶対的」に決定されてしまう問題であるということをよく知っているからである。「被抑圧者集団」に属する人々にとって、「集団帰属」とはこのようにまず自分の感覚や意志を越えた現実としてあるのであり、したがってその「絶対性」の乗り越えは、「抑圧者集団」「支配者集団」の側が分類化とそれによって異なる処遇を行うことをやめることなしには、実現できない問題なのだ。自分が「被抑圧者集団」に対していかなる感覚を持っていたとしても、「抑圧者集団」の人々にとって自分は、紛れもなく「被抑圧者集団」の一員であり、それゆえに「差別」されたり「抑圧」されたり「虐殺」されたりするということ、このことこそが、「被抑圧者集団」に属する人々の「集団帰属の絶対性」という感覚を形成しているのである。

「抑圧者集団」「支配者集団」に所属する論者の立場性がしばしば問題にされるのは、まさにこの問題の裏返しにすぎない。したがって、「集団帰属の絶対性」の乗り越えとは、自集団を美化しないことや、自集団に違和感を感じることによってただちに達成されるものなのではなく、「抑圧者集団」「被抑圧者集団」の双方が、無意識的なものもふくめて、「集団カテゴリー」に対していかなる分類や差別的処遇を行っているか、それがどのような現実を「他者」に対して構成しているのかという認識を、誤解や行き違いを何度も繰り返しながら、共有化することによってのみ可能になるのだと思う。こうした認識の共有にとって、塩川氏が提示した率直で開かれた態度は、最も重要な要素であることは、言うまでもない。

4　リベラリズムとは異なる思想伝統にフェミニズム思想の源流を探る

――岩瀬論文をめぐって――

第三章の岩瀬民可子氏の論文は、「リベラリズムとフェミニズムの関係」という問いに対して、もっともオーソドックスな方法で解答しようとする。すなわち、「最初のフェミニスト」であり「リベラルな女性解放論」者として知られるメアリ・ウルストンクラフトの著作を検討することで、フェミニズムはそもそもリベラリズムとは異なる思想伝統の上に成立したのではないかという解釈を示し、そこからフェミニズムとリベラリズムとの関係を考察しようと試みる。

現在においてウルストンクラフトは、「現代フェミニズム思想の重要な源泉でがあるが、すでに『時代遅れ』のもの」と考えられがちである。その思想は、リベラル・フェミニズムと婦人参政権運動に引き継がれたのであり、婦人参政権が実現した後の時代に生きる我々にとってはもはや「過去」以外のなにものでもないのだからと。しかし岩瀬氏は、このような位置づけ方が妥当なのかと問う。

ウルストンクラフトの中には、「いわゆるリベラリズム思想では語りきれないフェミニズム思想独自の何か」が見出しうるのではないか。もしそうだとすれば、「最初のフェミニスト」であるウルストンクラフトの思想においてすでに、フェミニズムはリベラリズム思想とは異なる何かを持っていたことになる。つまり、フェミニズムとリベラリズムは、同じ源流から分かたれたというよりも、最初から同じ言葉を使いながらも異なることを語っていたのではないか。岩瀬氏の主張の力点はまさにこの点にあるに違いない。その視点から見れば、ウルストンクラフトを「リベラルな女性解放論」として読んでしまうことは、フェミニズム思想の独自性を否定すること、その「抵抗の思想」としての意味を「懐柔」することに他ならない。だからこそ、「女性解放とはいかなることかというフェミニズムの問いを問い続けるためにはウルストンクラフトの女性解放論は読み直されなければならない」という課題を、岩瀬氏は設定する。

その上で岩瀬氏は、ウルストンクラフトの『女性の権利の擁護』の主張を五点にまとめる。(1)人間はすべて理性をもつ存在であり、それに従うべきことも同様である。(2)女性はあらゆる場面で隷属的状態にあり、その状態は男性による女性支配が生み出したものである。すなわち、女性は「徳における二重基準を甘受させられており」、それが女性の隷属を生み出す。(3)女性解放のためには、女性に対する理性に基いた教育が施されるべきである。(4)理性に基いた教育を受けた女性は職業をもち、経済的に独立するべきである。またその独立に基いて男性と同等の権利が認められ、政治にも参加するべきである。(5)すべての女性が解放されなければならない。そのためには女性支配は社会における他の差別と併せて撤廃されなければならない。『女性の権利の擁護』は、このような主張を行うことによって、「a　幼児期より男女平等な理性に基く教育を受け、b　経済的にも独立しており、夫に依存しない、c　その結果社会に奉仕するという徳を備えており、d　社会への義務である子育てを立派に果たし、e　その義務を果たすがゆえに、「市民的権利を認められる」女性を、「解放された女性像」として提示したと、岩瀬氏は述べる。

メアリ・ウルストンクラフトの死後『女性の権利の擁護』はしばらく忘れさられる。彼女の著作を再び蘇らせたのは、一九世紀後半の第一波フェミニズムの興隆であった。その再評価の文脈は、当然当時の思潮、たとえば「ヴィクトリア朝」的な「母性」評価や、リベラリズムであった。その結果、「メアリ・ウルストンクラフトおよび『女性の権利の擁護』をリベラリズムに基く女性解放論、もしくはリベラルフェミニズムの古典とする位置づけ」が確立していった。しかしこうした解釈は、「一九世紀後半からの女性解放運動」に影響された読みなのではないかと、岩瀬氏は問う。「メアリ自身の主張の意図と、第一波フェミニズムおよびそれ以降のフェミニズムによる『女性の権利の擁護』解釈には、ずれが生じているのではないか。」この問いに答えるために、岩瀬氏は、「彼女の他のテキスト及び同時代の政治思想状況を踏まえながら」、ウルストンクラフトと「リベラリズム思想との距離」を測る作業に着手する。

岩瀬氏が着眼するのは、『女性の権利の擁護』の中に「徳」という概念がしばしば現れている点である。たとえばこの著作の各所に、「女性に誤った道徳が押しつけられ、その結果女性が理性に基く徳を育てることなく堕落した状況に陥っている」という主張が見出だせるという。またウルストンクラフトは、「徳を修得することが道徳の改善につながり、社会も改革される」と論じる。「一見女性の諸権利取得とは関係がなさそうな」この「徳」という概念こそが、彼女にとって「重大な女性解放の鍵」となっていると岩瀬氏は読む。この「徳」という概念は、当時のイギリスの政治思想においては、重要な意味を持っていた。「メアリ・ウルストンクラフトが生きた一八世紀末のイギリスでは、『自由』と『平等』について二つのパラダイムが混在していた」のであり、「徳」という概念は、そのうちの一つのパラダイムにおいて根幹となる概念だったのだ。したがって、ウルストンクラフトの女性解放論を解釈するためにはこの当時のイギリスの政治思想において「徳」という概念がいかなる意味を持っていたのかを十分に把握する必要があるという認識に立って、岩瀬氏は当時の政治思想の考察に移る。

岩瀬氏によれば、一七世紀中頃のイギリスではピューリタン革命をめぐって、政治権力の正統性を「『法』に見るパラダイムと、政治的動物としての人間の『徳』に見るパラダイム」という二つの政治思想の流れが生まれたという。前者（市民法学パラダイム）は、ホッブスに代表されるような、人民は「契約を結んで国家に統治の全権を委任しているゆえに、政治権力の正統性は契約によって委任されたという事実にある」と考える立場である。このパラダイムにおいては、人民は政治権力に統治の全権を委託するのと引き換えに、政治権力に対して「法」による制限を課す。人民はその「法」を通して「権利」を与えられるのである。この「法」による「権利」は、「所有者の権利を認めるものであったと同時に、個人を主権＝政治権力の正統性とは別物とした。」他方、クロムウェルの清教徒革命は、チャールズ一世を処刑して共和制を樹立する。この出来事に衝撃を受けて、「ホッブスとは全く異なった見方」が生まれる。それが、ハリントンらに代表される後者のパラダイム（シヴィック・ヒューマニズム）である。ハリントンは、古典古代の共和制を参照しつつ、「私有財産をもち、自らが独立している互いに対等な市民が、共同体を改善しようとする能力」をもって統治する政治政体を、構想した。この共和制という政治政体の正統性は、市民が私的利害を越えた共同体の利害を考慮する能力、すなわち公共善に献身しうる能力を備えていることに求められた。この「公共善に献身しうる能力」こそが、「徳」なのである。

一八世紀に入ると、シヴィック・ヒューマニズムは、君主制／共和制という文脈を離れ、執行権（王権）と立法権（議会）の分離と後者の独立性を主張する文脈において復活をとげた。また、「アメリカ独立戦争にも影響を与えるほど、一八世紀を席巻した。」けれども同時に一八世紀イギリスでは産業革命が進行していった。産業革命は、富を、「土地所有者」から、産業・交易・商業を行うブルジョアジーに、移転していった。その結果シヴィック・ヒューマニズムが拠り所とした「土地所有に基く『徳』は、「もはや社会の秩序には不要」となっていったのである。他方、市民法学パラダイムは、まさにこの産業革命によって富裕化していった層に新たな担い手を見出し、復活していった。「土地所有による『徳』に基かずとも産業の発達がそれ自体社会と人々に自由をもたらすのであり、したがって「産業と交易の発達」を促すような「商業の法」こそ「道徳」となるべきである。岩瀬氏は、ここに成立したのが、「人はおよそ『商業の法』に従うべきものであり、その『法』が認める権利（所有権）においてのみすべての人が自由で平等であると」するところの、市民法学パラダイムの流れをくむ「自然法学」パラダイム＝リベラリズムであったと、言う。

ウルストンクラフトが依拠したのは、この二つのパラダイムのうち、「共和主義、シヴィック・ヒューマニズムのものであることは、明らかである」と岩瀬氏は判断する。たとえばウルストンクラフトは、女性が「自身に対して理性的な生物である」義務や「母親の義務」を負うということを主張する。この「義務」という主張は、ウルストンクラフトがシヴィック・ヒューマニズムにおける「徳」、すなわち「公共善への献身」というパラダイムに基いて考えているからこそ、生まれるものである。ウルストンクラフトにとって、「自由」は無条件のものではなく、「徳」を備え「公共善に貢献」する者のみに与えられる権利であった。また「メアリにとっての『平等』とは、すべての人が理性を持つ以上、『徳』を修得できるはずであるという可能性における『平等』なのである。彼女にとってあくまでも重要なのは、理性に基く『徳』によって公共善に貢献すること、すなわち良き社会を作ることであった。」けれどもウルストンクラフトは、シヴィック・ヒューマニズムをそのまま受け継いではいない。シヴィック・ヒューマニズムは「土地所有に基く徳」を政治権力の正統性の根拠とおいた。しかしウルストンクラフトにとって「土地所有は『徳』を生み出すもの」ではなく、「不平等の源泉」でしかなかった。「徳」はあくまで「理性」にのみ基かなければならないと彼女は言う。この「理性の平等の点」においてウルストンクラフトは、リベラリズムに近づいていた。このようなウルストンクラフトの主張は、「シヴィック・ヒューマニズムのパラダイムと市民法学パラダイムの、前者の優位に基く結合」としてのみ、十分理解できると、岩瀬氏は結論づける。

このような解釈の文脈から見た場合、ウルストンクラフトの思想は、リベラリズムに基くフェミニズムと、どこが相違するのか。岩瀬氏は、「リベラリズムに基く女性の解放とは既存の『法』、すなわち『男性とはこうであるべきである』という男性の定めた『法』の示す『男性』とそこから抜けおちている『女性』を掬いあげたうえで等号で結ぶことであり、もって男女を平等とするものである」と定義する。しかしウルストンクラフトにとって男女平等・女性解放とは、既存の「法の下での権利の平等」ではなく、「女性差別的ではない『法』を作り出す」存在としての女性のありようそのものに関わる男女平等、すなわちシヴィック・ヒューマニズムの伝統に基く「統治する」者としての男女平等であったと、岩瀬氏は言う。「彼女にとって何よりも大切なのは、女性が女性自身をコントロールすることにより社会をコントロールするという『自由』を得るということであった。」このウルストンクラフトの思想の中に、岩瀬氏は「女性が自ら『女性であることを定義する』こと」「その定義づけをするという行為そのものが『女性』の手に取り戻されるべきだ」という主張を読み取る。「『女性』であることを当の『女性』たちが構想できないことこそがまさに性差別なのであり、これを取り除くことが『女性』の解放なのではないだろうか。」岩瀬氏にとって、ウルストンクラフトの解釈をリベラル・フェミニズムの枠から解放することの意味はこの側面を掬い上げることにこそあるのであり、そこにこそウルストンクラフトの思想を現代的に再評価する意味があるのである。

岩瀬氏の論文は、「リベラリズムとフェミニズムの関係」という主題に対し、それぞれの思想的成立に溯って考察するという、最もオーソドックスな方法でアプローチしている。岩瀬氏の記述を通じて私たちは、リベラリズムもフェミニズムも、成立当時の具体的な政治状況の具体的な文脈の中で形成されていったこと、またそうした文脈が変化した時にその変化に併せて読み変えられ再評価されていったことを、改めて認識する。近代民主主義が誕生した当初において、市民自身が政治権力を握ることをどのように正統化するかという課題は、非常に重い課題であった。その時、市民を「自立している」がゆえに「公共善に献身しうる」ような「徳」を持つ存在として描き出すことは、市民自身が政治権力を掌握することを正統化する上で重要な意味を持っていた。ウルストンクラフトが、フランス革命を強く支持していたことは、よく知られている。したがって彼女にとっての女性解放も当然、女性自らが政治権力を持つという「共和制」の文脈における女性解放であったであろう。だからこそ彼女は、女性が「公共善に献身しうる徳」を修得しうること、「義務」を果たしうることを強調したのであり、単に「性別分業イデオロギー」に囚われていたわけではないのである。岩瀬氏はこのような複雑に交錯する文脈の一つ一つを読みとくことで、「最初のフェミニスト」であるメアリ・ウルストンクラフトと、その後成立したリベラリズムとの距離を、慎重に測定する。その時ウルストンクラフトは、単に過去の思想家なのではなく、現代フェミニズム思想に通じる側面を持つ思想家として浮かび上がるのである。

以下では「フェミニズムとリベラリズムとの関わり」という本書の主題の視点から、この岩瀬氏の考察を検討してみよう。岩瀬氏は、一九世紀に成立した既存の法の下で女性に男性と平等の権利を求めることを女性解放とするリベラリズムに基く女性解放論と、「女性であること」とは何かを定義しなおし既存の法を作り直すことを含めて「社会をコントロールする自由」を得ることを女性解放とする一八世紀のウルストンクラフトの女性解放論との間に、相違を見出した。後者は、岩瀬氏が定義するところのリベラリズム（「商業の法」）の成立以前に、リベラリズムとは異なる政治思想に基いて成立したものなのだ。このウルストンクラフトの女性解放論にフェミニズムの源流を求めるとするならば、「フェミニズムは最初からリベラリズムとは異なる思想であった」ということになるだろう。

この岩瀬氏の論を、本書第一章の岡野氏の議論と照らし合わせてみよう。両者は一見全く異なる議論を展開しているように思える。しかし実のところ両者は、互いに反対の方向から論じながら、リベラリズムの「形式性」「抽象性」に対する認識と評価に関して、重なりあう議論を展開している。以下では両者の相違点と共通点を挙げながら、このことを確認する作業を行ってみよう。

まずこの両者は、リベラリズムとは何かという認識の仕方において、相違している。岩瀬氏は、リベラリズムを、その実際の歴史的文脈に即して、『徳』に基くことなくとも産業と交易の発達がそれ自体社会と人々に自由をもたらしうる」という政治思想、すなわちおよそ人は「他者と『公平』に取引を行う」上で不可欠な「事物に対する権利」と「事物における権利」を定める「商業の法」に従うべきものであり、その「法」の下においてのみすべての人が自由で平等であると考える政治思想として、把握した。他方岡野氏は、リベラリズムをその実際のありよう、すなわち既存の法体系のもとで利害を追求し合う政治思想として把握するのではなく、それが備えている潜在的性能、すなわち身分制度や政治的家父長制を打破しえたような社会的批判力の側面において、把握することを選んだ。すなわち、岡野氏にとってリベラリズムは、「抽象的理念としての人格」を「規範的には、選択の結節点であり、かつ価値の源泉である」ものとして扱うことを政治的に要請するがゆえに、現実社会に対して社会的批判力を持ちうる思想なのである。

また両者は、このリベラリズムの「抽象性」「形式性」の評価において、相違しているように見える。岩瀬氏はウルストンクラフトの思想の中の、岡野氏がリベラリズムの社会批判力として評価する「抽象的理念としての人格の規範的要請」とは対立するような要素、すなわち「徳」「公共善への献身」「義務」といった「善についての判断」を含んでいる要素に着眼する。たとえばウルストンクラフトは、家庭を「次代の市民を育成する重要な領域」として位置づけ、「男女ともに、徳を備え、家庭において公教育とともに徳に基く教育を子供に与えることは公共善に奉仕する重大な『義務』」だと言う。この主張は、リベラリズムからすれば「政治権力が行うべきではない善についての判断を含む」主張、「誰からも関知されるべきではない個人の私的領域に介入する」主張として否定的に評価されるだろう。無論こう主張しているのはウルストンクラフトであり、岩瀬氏ではない。しかし岩瀬氏が、ウルストンクラフトの主張の中のこうした側面に着眼するのは、岩瀬氏がその点にこそウルストンクラフトの思想の評価すべき点、すなわち「既存の法の下での権利の平等」

にとどまらない女性解放論を見出しているからに他ならない。他方岡野氏は、リベラリズムの社会的批判力を、「抽象的理念としての人格」に見出す。さらに岡野氏は、既存のリベラリズムがフェミニズムと対立してきたのは、「抽象的な思考法」にあるのではなく「抽象度が足りなかった」ためであると考えることもできると示唆している。すなわち、岩瀬氏がリベラリズムの「形式性」を批判する立場に立っているように見えるのに対し、岡野氏はむしろその「抽象性」「形式性」をこそ評価する立場に立っているように思えるのである。

しかしこのような相違を持つ両者の論は、論の展開にしたがって重なりをもってくる。最初の論点に関して言えば、岡野氏は、リベラリズムが実際の社会構想に際しては、実際には異なっている我々の「身体の外的・内的条件」を考慮しないがゆえに、形式的平等さえ整っていればそれで「自由かつ平等」であると定義してしまうような現状維持的機能を持ってしまうことを、問題にする。この岡野氏のリベラリズム批判は、「法の下での権利の平等」のみを求める「リベラリズムに基く女性解放論」に対する岩瀬氏の批判的認識と重なりあうものと言えるだろう。後者の論点に関して言えば、岩瀬氏はその結論部分において、ウルストンクラフトの女性解放論を、『女性』であることを当の『女性』たちが構想する自由を得る」ことを求める思想であったと読み解く。この岩瀬氏のウルストンクラフト評価の言葉は、リベラリズムを「抽象的理念としての人格の規範的要請」と位置づけ、この点においてはフェミニズムと重なりあうと論じた岡野氏の論と、共通するものを持っている。すなわち両者の論は、「既存の法の下で」のみ「権利の平等」を論じるリベラリズムの現状維持的側面に対して批判的であるとともに、「人間（女性）とは何か」「良き社会とはいかなる社会か」「善とは何か」等を人々が「定義し構想する自由」を持っていることを尊重する政治思想を評価する点において、共通しているのである。

むろん両者は、先述のように、リベラリズムの把握において相違しているゆえに、この「社会を構想する自由」を尊重する政治思想を、どこに見出すかについての認識において異なっている。岡野氏がそれを、リベラリズムの最良の部分に見出すのに対して、岩瀬氏はウルストンクラフトの政治思想の中の「リベラリズムとは異なる伝統に基く側面」に見出す。したがって、岩瀬氏の立場からすれば、自らの結論部分をリベラリズムの文脈で解釈されてしまうことは、不本意であるに違いない。しかし岩瀬氏がウルストンクラフトの中に見出した「リベラリズムに基く女性解放論」とは異なる女性解放論、すなわち『女性である』ことを「女性」たち自身が構想しつづけることが可能になることこそ、『自由』であるという女性解放論が、岡野氏がリベラリズムの社会的批判力として見出した「抽象的理念としての人格の規範的要請」という政治思想と、響き合うニュアンスを持っていることは否定できない。果たしてこれは、リベラリズムとは異なる思想的伝統に基くものなのか、それともリベラリズム思想の最良の部分なのか。筆者は思想史に関して適切な評価を行いうる立場にはないので、この点については岩瀬氏の今後の検討に委ねたい。

本書の主題からすればむしろ重要なことはこの点にではなく、岩瀬氏の論文の中にも、フェミニズムとリベラリズム双方の評価に関して、「抽象性」と「具体性」という視点からみて矛盾する論点が含まれていることである。すなわち岩瀬論文にも、岡野論文の考察において見出したような「抽象性」・「形式性」を評価する側面と、逆に「抽象性」・「形式性」を批判する側面が共に見出しうるのである。すなわち岩瀬氏は、一九世紀以降のリベラリズムに基く女性解放論の多くは、「男性とはこうであるべき」という想定に基いて「男性」が定めた既存の「法」に基く「権利」を女性にも与えよという主張になりがちであったという。しかし、このような主張では、単に形式的に男性と平等になるだけであって、「法」そのものが「男性」を前提とするという歪みを持っているということ自体を批判することはできないと岩瀬氏は否定的に評価する。したがって岩瀬氏は、ウルストンクラフトの中に、こうしたリベラリズムに基く女性解放論とは異なる思想、すなわち「男性」が「男性とはこうあるべき」という前提の下で定めた「法」をも作り変えうるような、「女性」が「女性である」ことの定義に基いて社会構想しうる自由を得ることこそを重要視する思想を見出した。

しかし、この岩瀬氏のウルストンクラフトの解釈と評価が妥当であったとしても、その解釈に基いて「女性自身が『女性とは何か』という定義に基いて社会を構想」しようとすれば、「具体的に」女性をいかなるものとして定義づけるかという問いに向かいあわざるを得ない。その時私たちは、いかなる定義を採用したとしても、それが常に現実とはズレを含んでしまうという問題、すなわち塩川氏が論じた問題に、ぶつかることになる。実のところ岩瀬氏自身、ウルストンクラフトの中にそうした危険性がはらまれていることに気づいているのではないかと思われる。すなわち、ウルストンクラフトが「母親であること」を女性の義務とし(むろん「父親であること」も男性の義務であるということと並行的な意味ではあるが)、そうした「義務」を果たし得る「徳」を備えた女性だけが「自由になる権利」を持つと主張していることは、今日からすれば、母性主義として批判的に解釈される可能性があることに気付いているからこそ、ウルストンクラフトの主張のそうした「具体的」な側面を強調することなく、それを「抽象性」「形式性」において把握したのではなかろうか。だからこそ岩瀬氏は、フェミニズムを、女性が自ら「女性である」ことの定義に基いて自己と社会を構想する自由を得ることを主張する思想として、見出そうとしているのではないか。

しかし一体、女性たちは「女性であることの定義」を共有できるのだろうか。もし共有しえないとするならば、この女性解放の定義は、個々の女性が自分自身の「女性であることの定義」に基いて「生を構想する」ことが「妨げられないようにする」という「消極的自由」を意味することに、限りなく近づいてしまう。すなわち岩瀬氏が、フェミニズムとは異なる思想と定義したリベラリズム、「善の特殊構想に基くことなく社会的公正を構想する」思想と、限りなく近づいてしまうのである。

岩瀬氏は、フェミニズムはリベラリズムと異なると主張する。しかしこれまでの考察は、岩瀬氏が岡野氏と同じく、リベラリズムの「抽象性」「形式性」を単に批判しているのではなく、むしろそこにこそフェミニズムに通じる要素を見出そうとしていると解釈しうる側面を持っていることを示しているように思う。私はここにこそ、フェミニズムとリベラリズムのパラドキシカルな関係があると考える。それゆえにこそフェミニズムはこれまで、リベラリズムとの関わりの中で苦闘を続けてきたのである。以下においては、「性の商品化」という具体的な問題に関わる議論を追いながら、この問題をさらに考察していくことにしよう。

5　「性の商品化」の規制はどこまでできるのか
——瀬地山論文をめぐって——

本書の後半の二つの章（Ⅱ）は、「性の商品化」を主題として、リベラリズム（永田氏の場合はリバータリアニズム）とフェミニズムの関わりを論じている。すなわちこの二つの章ではここまで議論してきた「フェミニズムとリベラリズムの関わり」が具体的な問題に即して論じられることになる。具体的には、「性的自己決定」が議論の中心的主題となっている。すなわちリベラリズムは、人々が「自らにとって何が善きことか合理的に計算でき、選択できる」と想定する。したがってリベラリズムでは、他の人々の権利を害さない限り、社会は、人々が私的領域において自由に選択する「生の構想」に対し介入するべきではないということになる。もし同じことが性についても言い得るとするならば、「性的自己決定」は尊重されるべきことになるのである。「性の商品化」に関して、「性的自己決定」の是非が問題になってくる理由はそこにある。

第四章において瀬地山氏が立てる問いは、「性の商品化」を規制することはどこまでできるかのかという問いである。この問いは、本シリーズ第1巻（『フェミニズムの主張』）に「よりよい性の商品化に向けて」という論文を載せた後、瀬地山氏がその反響を考慮しつつ自らの立場をより明確化することを意図して立てられている。すなわち瀬地山氏は、「リベラルな社会」の価値規範と矛盾しない範囲で最大限問題解決のためにとりうることは何かを考える立場こそ、自分の立場であると規定するのである。性の商品化を肯定すべきだとか原則的によくないなどの一般的是非論を論じるのではなく、「性の商品化にともなうさまざまな問題点を極力減らしながら、現状よりも安全で害の少ない性の商品化というのが現代社会の中でどういう形で可能なのかを探りたい」というのが、自分の立場なのであり、一〇年前の論文の主旨もそこにこそあったと。この瀬地山氏の立場は、「少しでもよい方向に具体的に改善する」という改良主義を含意しており、その意味でもリベラリズムと一致している。したがってこの論文は、リベラリズムの立場から「性の商品化」批判の限界を論じるものであり、その意味においてリベラリズムとフェミニズムの関係を考察する上で、重要な材料を提供していると言いうるだろう。

まず瀬地山氏が行うのは、「性の商品化」を批判する立場の類型化である。それは、①性に対する保守主義（性非公然性の原則）、②性に対する近代主義（性＝人格）、③性差別批判、④性犯罪などの付帯効果に関する批判（社会政策的配慮）の四つの類型にまとめられる。この中でフェミニズム固有の批判のしかたは③である。

このうち①②に関して瀬地山氏は、性に関する本質主義（性は特定の意味づけを持たなければならないと考える立場）を前提とする批判として括り、そうした前提をおくことはできないという立場（構成主義）からそれを斥ける。瀬地山氏は個人的には、「①の保守主義には決して与しないが、②の感覚には近いものを感じる場合もある」という。「しかしそうした個人的な感覚とは別にそれを社会的な了解とすることには強く反対」せざるをえない。なぜならそうした性に関する本質主義は、「性に関する意味づけが歴史的にも空間的にもさまざまに変化してきた」という事実と矛盾するからであり、「性に関する唯一絶対の正解などない以上、ある特定の立場を社会の了解としてしまうことは、かならず抑圧的な効果をもたらしてしまう」からである。したがって瀬地山氏が行いたいことは、「性に関する規制や秩序を、特定の性に関する意味づけに依存せずに構想すること」である。したがって瀬地山氏にとって考慮に値する「性の商品化」批判の類型は、③④となる。むろんそれらには、①②が混入する場合もあるが、それを慎重に区別しながら「なにが批判されるべきなのか」を問うことが必要なのだ。

まず瀬地山氏は④の「性犯罪などの付帯効果に関する批判」を検討する。最初に、「全体として性の商品化が、性犯罪を増加させるのか」という問いを立てる。もしそうだとすれば、批判されるべきなのは性の商品化に関わる個々の行為ではなく、性の商品化一般ということになるからだ。この問いに答えるためには、実際には、性の商品化の程度をどの指標によって把握するかとか、性犯罪として何を挙げるか、その発生率をどの資料によって把握するかなど、技術的になかなか難しい作業が必要であるが、瀬地山氏は、国単位の犯罪統計とポルノグラフィ政策の関連性から、「性の商品化が強姦を増やすとの立論はかなり難しい」と結論づける。では性労働の現場の犯罪防止に限定した場合には、どのように考えられるか。性産業で働く女性の労働条件を改善し、少しでも安全なものにするためには、「客の側に性病検査を義務づける」など、具体的な対策を講じることが必要である。「現実に即したこうした対策が、一つ一つ講じられることが、悲惨な事件を減らすために、一番必要な」のあり、「性労働の是非を一般に論じる」ことは、性労働の現場における性犯罪を防止するためには役立たないと、瀬地山氏は言う。すなわち、④の批判の類型に基く限り、「性の商品化」に関して批判されるべきことは、「性の商品化」一般ではなく、性労働者の個々の劣悪な労働環境や労働条件など具体的な問題であり、その是正のために現在具体的な対策がとられていないということである。

③の性差別批判に関しても、そこに「保守主義や近代主義のような性に関して抑制的な規範が滑り込んで」いないならば、それは「性の商品化」自体を問題にするような批判にはならないはずだと、瀬地山氏は言う。むろん「現在の性の商品化が男性向けである」という認識は妥当であるし、個々の商品について「不快である」とか「性差別的だ」とか批判を加えることはできる。しかしそうした批判は、女性向けの商品を作れとか、性差別的ではない商品にせよという批判を行うことになるはずであり、「性を商品とすること自体がけしからん」という批判にはつながらないはずである。「このように考えてくると、フェミニズム固有の内容批判は、尊重されるべきだが、それはそうした商品の存在自体を否定することにはつながらない、ということになる。」ポルノグラフィを

「見たくない」と考えたり、セックスワークをしたくないと考える人がいて当然であるが、「見たい」「したい」という人が「他の人の自己決定を犯さない範囲でそうする自由を持つ」ことを否定することはできない。「だとすれば問題は、『見たくない』自由と『見たい』自由をどう両立させるかということにならざるをえない。」

ここから瀬地山氏は、「特定の性規範や特定の内容について合意するのではなく、ある手続きが守られているかどうかについてのみチェックをし、それがクリアである場合には、内容には踏み込まないという姿勢」に立つ必要性を主張し、それこそが「リベラリズムの核となる発想である」と言う。井上達夫にしたがって、「良き善の特殊構想」から「基底的正義」へとその基盤を移すことこそが、リベラリズムであると。たとえば、レイプシーンを含むＡＶの撮影の場合、「事前の説明と合意がきちんとなされているものについては認めてもよいが、逆にその合意を証明するものを欠く場合には、自動的にそれを問題視する」ようにしたり、ポルノグラフィに対しては「内容については規制をはずしてもよいが、不特定多数の場所では『見たくない自由』を」尊重するように規制をかけるなどが、「内容から手続きに規制を移す」ことにあたる。

次に瀬地山氏は、フェミニズムの一部のセックス・ワーク批判に対するセックス・ワーカーからの反論を主題にとりあげる。確かにフェミニズムの性労働批判は、保守主義や近代主義（の一部）とは異なるものの「ある種のパターナリズムをはらむことは否めない。」フェミニズムの性労働批判は、セックス・ワーカーが「自己決定」して性労働に参入したとしてもさまざまな問題があることを指摘する。「自己決定」しうる条件がないとか、「不利な就労環境」は構造的に存在するなどである。ではこのセックス・ワーカー自身が「自己決定だ」と主張したとしても容易には拭いされない問題とは何なのか。それが保守主義や近代主義に基くものであるならば、瀬地山氏は「強い疑問を感じざるをえない」と言う。しかし買春という行為には、たとえ女性が「自己決定」している場合でも、それを「悪い」と感じさせる、保守主義や近代主義には還元できない何かがあるのではないか。たとえば立岩真也が論じたような、「お金を出して人の性労働を買うことによって、性における他者性が失われる」ことに起因する感覚などである。この感覚をどう考えるべきか。むろん「悪い」と感じる人がいるからと言って、そこから「性の商品化」に関する禁止を導くことはできないことは、立岩が論じている通りである。ではどうしたらよいか。この点に関しては瀬地山氏は、明言をさける。他方「自分の望むような性が、金を払わずに手に入るならば、わざわざお金を払って買う人はいない」のだから、それが手に入らない「性的弱者」にまで買うことを禁じるのは、「過度に抑圧的」ではないか。むろん、セックス・ワーカーが「自己決定」したのだから、買う側は何をしても責任がないということではない。その場で起きるかもしれない性暴力に常に公的に対応できるような仕組みをつくるためにも、「性の商品化」に関わる取引をブラック・マーケット化するべきではない。　ここから瀬地山氏は、リベラルな社会がなすべきことは、「異なる性に関する考えの併存を許容することであるはずだ」という立場から、「われわれにできること」を、以下のようにまとめる。④の、性犯罪とポルノグラフィなどの表象の関連性については「冷静な検証」

が不可欠である。性労働者に対する暴力などの犯罪については、性労働が存在することをきちんと認めた上で具体的対策を議論するべきである。③の性差別批判に関しては、内容批判には限界がある。性差別的ではない商品を求めるとともに、「棲み分け」を行っていくことしかできないだろう。性労働に関していえば、「自己決定」があることは必要条件である。しかし「自己決定」の限界という問題には、まだ考察の余地がある。「まだ何も解決していないのかもしれない。しかし、一〇年前の議論より、一歩前進したと私は考えている」と、瀬地山氏は結ぶ。

この瀬地山氏の論文は、本書の前半において論じてきた「フェミニズムとリベラリズム」の関連性に関する論点を再確認するものである。本書第一章で岡野氏が論じているように、リベラリズムは、個人は、社会に位置づけられる以前に、自分にとって何が善きことか合理的に判断できるという前提を描く。したがって、「個人の自由」を尊重するということは、この個々人がそれぞれ「自分にとって何が善きことかについて行った判断に基いて行動すること」をできうる限り妨げないということを、意味することになる。この観点からすれば、政治権力が行うべきことは、公私を分離し、私的領域には介入しないことを「法」によって規定するとともにその「法」を順守し、公的領域においては諸個人間の利害や権利の調整を行うことに、限定されることになる。このリベラリズムの立場を性に関しても適用するならば、個人は「性行為を行うかどうか」「どのような人とどのような理由で性行為を行うのか」などに関して、「自分にとって何が善きことか」合理的に判断できるという前提を措くことになる。

瀬地山氏の論文は一貫して、この立場から立論されていると解釈しうる。たとえば、瀬地山氏が保守主義や近代主義に基く性の商品化批判を認めないのは、それが、個人は「何が善い性か」という性の意味づけを構想することができるということを認めず、自分の特定の意味づけを他者にも強要するものであると認定するからである。むろんリベラリズムの立場からも、他者の権利を侵害するような行為は、法によって禁じられなければ（規制されなければ）ならないから、瀬地山氏は、性の商品化が個人の権利を侵害しているという主張を行うような批判の類型（③④）に関してはその批判の妥当性を検討する。③や④の批判の類型の評価においても、同じ立場が貫徹される。すなわち瀬地山氏が、性の商品化一般が（明確な個人の権利侵害であるところの）性犯罪を増加させているという確証しうるかどうかにこだわり、問題とするべきことは性の商品化自体ではなく個々の具体的な行為の犯罪性や個人間の権利の調整であると主張するのは、政治権力の行使を、諸個人間の利害や権利の調整など最小限に限定する立場からである。すなわち瀬地山氏はリベラリズムの立場から、フェミニズム等の性の商品化批判の中で「なしうることとなしえないこと」を区別するよう、主張している点において、一貫しているのである。

しかし、本書の主題である「フェミニズムとリベラリズム」という問題は、このリベラリズムの立場が「身体の外的・内的条件」を無視したり（岡野）、暗黙に「『男性』が『男性とは何か』という定義の上で善き社会を『構想』」するものにすぎない（岩瀬）のではないかということこそを問うていることは、これまで考察してきた通りである。その意味において瀬地山氏の「リベラリズムの立場」からするところの「性の商品化批判の批判」は、検討されるべき余地がある。以下においては、こうした問題につながる可能性を持つ論点を検討することにしたい。

瀬地山氏の論点はこのように一貫性のあるものであるが、細かく見るとわかりにくい点も含んでいる。たとえば瀬地山氏はポルノグラフィに関するフェミニズムの立場からの「内容批判は尊重されるべき」であることを認める。しかしこの言葉の真意はどこにあるのか。「内容批判は尊重されるべき」だという主張は、たとえば「一方の性にとっては暴力を振るわれることが性的悦楽なのだと規定するような内容を含むポルノグラフィに関しては、その規制が検討されてもよい」という主張とも読むことができる。「性の商品化一般は否定できないが、個々の内容に即して是非を検討することはできる」という彼の主張からすれば、こういう立論もありうるからである。しかしよく読んでいくと、瀬地山氏の真意はここにはないことがわかってくる。なぜなら彼は、ポルノグラフィの規制については、「内容については規制ははずしてもよい」という主張をしているからである。では、フェミニズムの立場からの内容批判を「尊重するべき」であるということは、どういう意味で主張されているのか。おそらくそれは、「見たくない人もいる」ということを「尊重する」社会、すなわち「嫌ポルノ権」の確立によって、「見たい人」と「見たくない人」の「棲み分け」ができるような規制のありかたを検討するべきだという主張につながっていくのだと思われる。そうでなければ、フェミニズムの「内容批判は尊重されるべき」だという主張は単に「誰でもどんなことでも言うだけなら自由だ」以上の含意を持ち得ないからである。

しかし問題は、フェミニズムの「内容批判」の主旨はこの点にはないことである。ほとんどのポルノグラフィが男性向けである今日においては、ポルノを嫌う女性が暴力AVを見ることはほとんどないだろう。しかし、「だから問題はない」ということになるかどうか。おそらくフェミニズムの立場からは、「だからこそ問題なのだ」という主張が成立するに違いない。「棲み分け」こそが、「男性向けに作られた暴力AVを男性だけが見ている」状況を生み出し、そのことが「女性は男性が振るう暴力から性的悦楽を得る」等の「神話」を、維持・流通させているとも考えられるからである。もし性行為が他者に何の影響がない行為であれば、あるいは暴力AVが実際の性行為や性関係になんら影響を与えないことが立証されているのならば、「見たい人」と「見たくない人」が「棲み分け」ればそれでよいということは妥当だろう。しかし、性行為が他者に善い影響も悪い影響も含めて、深刻な影響を与える行為であることは自明である。またAVの愛好者である男性のすべてが、実際に暴力を振るうわけではないとしても、AVを愛好していることが、性行為や性関係に何の影響も与えないとはとうてい考えられない。もし悪影響が生じ得る可能性（リスク）があるとするならば、実際のポルノグラフィが異性愛者男性を主な顧客として販売されている以上、そのリスクを負わされる可能性を持つのは、ほとんど女性ということになる。「棲み分ければそれでよい」といかない理由はここにある。

同じ問題を民族問題などで考えてみよう。日本人に属する人々が、「外国人は日本人に暴力を振るわれるのを好む」というビデオを大量に製作しそれを販売していたとする。それを好んで購入する人々がいる一方、嫌悪する人々もいるとする。この問題に対してリベラリズムの立場に立つ日本人が、「表現の自由があるのだから、こうしたビデオに対して規制を行うことはできない。見たくない人が見ないですむように、『棲み分け』られるようにしよう」という主張を行うとした場合、一体どれだけの人が、この判断を「問題解決」として受け入れられるであろうか。確かに「表現の自由」は重要な権利である。しかし、このビデオによって「自分が暴力をふるわれる」可能性が高まるかどうかは、「身体の外的・内的条件」によって、日本人と外国人との間では全く異なってくる。外国人からすれば、重要なことは、「自分が見ないですむ」ということにあるのではなく、こうしたビデオが外国人差別という内容を含んでいることであり、そうした内容に影響を受けた日本人によって自分が暴力をふるわれるリスクが高くなるかもしれないということにあるはずである。「棲み分け」という「解決法」は、単に日本人の外国人差別意識を、当の外国人に隠しその本人の危険性を高めること以外のなにものでもあるまい。「性の商品化」の場合においても、同様ではなかろうか。「棲み分け」という方法は、フェミニズムの「内容批判」の視点からすれば、全く「解決手段」とはなり得ないのである。

性に関する意味づけは、かならず性別という集団的カテゴリーに関わる意味づけをも含んでいる。性行為が他者に影響を与える行為である以上、性に対していかなる意味づけを行うかということは、人々の間にその属する集団によって異なるリスクや可能性を配分することに通じる。すなわち個人が「性に対していかなる意味づけを与えるか」ということは、その個人にだけ関わる問題なのではなく、性行為の相手である他者にも、第三者にも影響を与えることなのだ。確かに、「ポルノがレイプ犯罪を増加させる」という因果関係の立証は困難であるかもしれない。しかしこのことは、「ポルノが女性にいかなる悪影響も与えていない」ということを立証したことにはならない。そうだとすれば、ポルノがその中に性別カテゴリーに基く他者への影響関係や利害関係を伴っていることを認めず、個人の「性に対する意味づけの自由」という権利を守ることを重視する瀬地山氏の立場は、そうしたポルノによって悪影響を受けにくい集団に属する人々の「身体の外的・内的条件」を暗黙に前提とした議論であるという批判もなりたちうる。すなわち瀬地山氏は、「身体の外的・内的条件」を考慮しないリベラリズムの論理を採用することによって、暗黙に、性暴力その他のリスクを負わない人々＝強者の論理を代弁しているのだと。この「中立性」と「暗黙の価値前提」との間にこそ、リベラリズムとフェミニズムの緊張関係があるのだ。この論点については、次の永田氏の論文を考察した後、再度論じることにしよう。

6 「性的自己決定権」という主張は成り立ちうるか
——永田論文をめぐって——

永田氏の論文は、「性の商品化の是非」という問題に対して、瀬地山氏とはまさに反対の問いを設定している。すなわち瀬地山氏が「性の商品化を規制することはどこまで可能か」という問いを設定することで「性の商品化を否定する主張は成立可能なのか」を問うているとすれば、永田氏は逆に「売春自由論を含む『性的自己決定論』は成立可能か」という問いを設定することで「性の商品化を肯定する主張は成立可能なのか」をこそ、問うていると言い得る。

永田氏はこの問いに解答するために、まずリベラリズムとリバータリアニズムを区別することから開始する。「リベラリズムが、自由であるための条件、とりわけ公平や公正に焦点を当てる一方、リバータリアニズムは純粋に自由を求める。」リバータリアニズムとは、「他者危害原則」（人に迷惑をかけない限り、なにをしてもよい）と「最小国家論」からなる立場であり、「現在の日本において自由が語られる時、多くの場合背後にあるのはリバータリアニズムであって、リベラリズムではない。」性や生殖、生命に関連して、「国家は私事に介入してはならない、『被害者なき犯罪』を罰してはならない、価値観を押しつけてはならない」などの主張を行うのは、こうしたリバータリアニズムであり、リベラリズムではない。永田氏はこのような規定を行った後、こうした主張を行う例として、宮台真司編の『性的自己決定原論』に収録された諸論文をあげ、「自己決定」論の危険性を指摘する。またそうした「性的自己決定による売春自由論」の草分け的存在が、本シリーズ第1巻『フェミニズムの主張』（一九九二）に収録した橋爪大三郎の「売春のどこがわるい」であると指摘する。その上で永田氏は、リバータリアニズムは「斬新かつ革新的」に見えても、「歓迎すべきものとは限らず」「論理としても破綻している」と言う。そして「フェミニズムとの関連で言うなら、これはまず両立しがたい主張である」だけでなく、「性と生殖における男性の責任」を完全に免責し女性のみにそれを負わすなど、フェミニズムとは全く反対の効果を持つ論であると主張する。

このことを論じるために永田氏は、リバータリアニズムの抱える問題を、次の八点にまとめる。①不公正の温存、②恣意的な「私的自治」、③実質的な不自由の是認か、あるいは「きわめて大きな国家」の必要性、④権利対立を解決できない、⑤何が危害かを確定できない、⑥「中立的な国家」の不可能性、⑦恣意的な「自己定義」、⑧集団合理性、社会的利益の無視。そして性や生殖に関わる問題を事例として、リバータリアニズムがこれらの問題を抱えていることを具体的に論じていく。

まずリバータリアニズムに基けば、「女性差別はなくすべきではない」「ポジティヴ・アクションは『自由の侵害』である」ということにならざるをえない。自由絶対主義であるリバータリアニズムにとっては、「平等は自由の敵」なのであり、平等のために強者にどんな我慢を強いることをも否定することになるのだから。もしリバータリアニズムを徹底するならば、現代日本の現行法の多く、たとえば労働基準法、累進課税・相続税・独占禁止法なども否定されるべきものになるはずである。したがってリバータリアニズムに基く限り、「国家は差別を是正してはならない」という主張になる（①）。この立場が、「家父長制という構造的な不公正が存在するというフェミニストの議論と相容れない」ことは明確であると、永田氏は主張する。確かにリバータリアニズムは国家による介入を否定するが、私人がそうした問題に介入することを否定してはいないと主張するかもしれない。しかしこれは「私的自治に対する楽観論」にすぎない。「市場にまかせておいたとしても」

差別や格差が解決されることはまずない。国家権力を抑制するだけでは、中間集団による差別や収奪をなくすことはできない。「私的自治」は恣意的になりがちであり、それを放置することで問題解決しうると主張するのは、あまりにも楽観的すぎると(②)。

次に永田氏は、リバータリアニズム内部の論理的矛盾を指摘することに移る。リバータリアニズムは国家の成立理由を、『暴力や盗み』から個人を守ること」におく。ここからすればリバータリアンも、「国家はＤＶやセクハラから女性を守るべきだ」ということを否定しえない。しかしもしそう認めるならば、「私的領域には介入しない」ということとは両立しなくなる。ＤＶの防止は、国家が積極的に家庭や性関係に介入することなしには為し得ないことは明らかであるからだ。しかもその時、「最小国家」でありうるかどうかはかなり疑問である。すなわちリバータリアニズムの「国家は私的領域に介入せず、人権さえ守っていればよいのであり、最小国家でよい」という主張は、「性や家庭に限って人権を放置してきた」ことによって、その矛盾が露呈しなかっただけであり、もし本当に「人権を守る」という義務を国家が履行しようとするならば、こうした矛盾はたちどころに露呈してしまう(③)のだと、永田氏は指摘する。

リバータリアニズムの権利対立の解決のしかたにも明らかな論理破綻が見てとれると、永田氏は論じる。たとえばリバータリアニズムは、「他者を危害する可能性がない限り、援助交際の自由は、国家あるいは公的機関によって拘束されてはならない」と主張する。現代日本のリバータリアンの代表である宮台真司の、「自己決定権の修得が不十分だから自己決定権を制約する」振る舞いは、

「個人の行為としては（親が子どもを拘束するなど）許容されても、政治システムの行為としては（立法行為など）原則として許容されない」という論述にも、このことは見てとれる。この主張は矛盾をはらんでいる。性的自己決定権が人権であるならば、親の援助交際をやめさせようとする行為もやめさせなければならないのではないか。そうでなければ、「子の実質的な自由は保証されない。」

たとえばリバータリアンは所有権の尊重を当然の前提と置くが、それは人々に「他者の所有物を勝手に奪わないことを義務づける」ことなしには確立されないのは当然のことである。「性的自己決定権」も同じように権利であると主張するのならば同様に、他者に対してそれを尊重する義務を負わせなければならないはずである。親のしつけという名による「援助交際をやめさせよう」とする行為も、学校のそれも、「不当な人権侵害」としてやめさせなければならないはずだ。しかし他方においてリバータリアンは、宮台に見られるように「親が子の援助交際を止めさせる行為は『私的自治』の範囲内」だから当然許容されるべきだと主張する。これは矛盾ではないか。

このようにリバータリアニズムは「何が私的自治の範囲内」に属することなのかを曖昧なままにする。ここに、リバータリアニズムは、所有権・生命権以外の人権を国家が守ることを禁止する「人権最小化説」と、人権はすべて国家が守らねばならないという「人権最大化説」の二つの立場に別れるはずである。前者はそもそも、なぜ国家が（生命権はともかくとして）、他の（性的自己決定権などの）権利よりも所有権を優先するのかという問いに直面する。その価値判断は恣意的だという批判を免れ得ない。確かにこの立場に立てば「親の行為に国家が介入するべきでない」と言い得るが、同時に「コミュニティが人権侵害すること」を許容することになる。親が介入することは当然として、企業の援助交際の組織化も、宗教団体やＰＴＡの取締も当然ＯＫである。「国家さえ介入しなければよい」と、こうした状況を許容するならば、これは当然「未成年の自由と自律性、尊厳を守り育てるための性的自己決定権」という主張と両立しないと、永田氏は指摘する。「最大化説」をとった場合には、逆に「性的自己決定権」に関し「コミュニティが人権侵害」することは許容されないと言い得るが、国家がコミュニティや家族など「私的自治」の領域に介入するべきだと言わねばならない。しかしこの立場は当然にも、国家が「コミュニティに介入」することを認める立場なのだから、もはやリバータリアニズムとはなりえない。しかもリベラリズムもリバータリアニズムも、権利が対立する時それを解決しうる論理を持っていない(④)ので、「人権最大化説」をとると、この問題を抱え込むことにもなるのだ。

この「権利対立を解決する論理がない」ということは、それ以上の問題を生み出す。すなわち、複数の権利が対立していてどちらを採用しても他方の権利を侵害することになるのだから、このことは逆に国家にいずれを採用してもよい論拠を与えることになる。すなわち「国家にフリーハンドを与える」結果となるのである。すなわちリバータリアニズムは、「国家による恣意的な統制の抑止」という最初の原則からも遠ざかってしまう(⑤⑥)。このようにリバータリアニズムの論理的破綻は明白であるにもかかわらず、多くの論者がそのことに気づかないでいられるのは、論者が「暗黙の価値前提」を自己の論に混入させて、自分に都合のよいところだけにリバータリアニズムの論を使用する使用法（これを永田氏は「アドホック・リバータリアニズム」と名づける）をとっているからである。たとえば「性的弱者論の主張と、リバータリアン的な性的自己決定権の主張とはむしろ正反対」であるにもかかわらず双方を主張する者が多いのは、「アドホック・リバータリアニズム」の典型的な例と言い得ると。

これらの考察に基いて永田氏は、「売春自由論」の検討に移る。リバータリアンは、売買春は「被害者なき犯罪」であり「他者危害原則」からして国家がそれに罰則を課すことは許容されないという主張を行ってきた。しかし永田氏によれば、「売春自由論」あるいはその意味で主張される性的自己決定権論は、ジェンダー・ブラインドな価値前提を暗黙におくなど特定の価値観を「押しつける」ものであり、したがって、「国家の中立性」や「善を押しつけてはならない」といったリバータリアニズムの価値前提自体に矛盾していると主張する。まず永田氏は、「リバータリアニズムの他者危害原則は、何が危害であるかの客観的基準を欠いている」と指摘する。したがってこれまでの危害解釈は事実上それが妥当してきたということ以上の論拠はなく、ゆえにその危害解釈に対する異議申し立てを否定しえないのだと。性と生殖に関して言えば、これまで「母の胎児に対する危害」ばかりが焦点となってきたが、「胎児の母への危害」も、男性が避妊をしない性交を行うことを「男性の女性に対する危害」（「強姦罪」）とする立場も、認定しうる。また「従来の性と生殖に関する議論」は、性と生殖が独立であるかのような前提をおいて議論されてきたが、女性にとっては性と生殖は身体的に連続であり、この前提は極めて男性的な前提であると言い得る。

では、性と生殖と養育を連続的なものと捉える前提を措いて、売買春の自由を性的自己決定権(すなわち人権)とする論が成立するかどうか検討したらどうなるか。性的自己決定権派は、売買春に女性が合意すれば、避妊・妊娠・中絶・出産・養育など、再生産にかかわるすべての問題について女性の側がこれらのリスクを引き受ける(女性の自己責任)と考える。しかし、現行法では婚姻や継続的な恋人関係における再生産責任は女性側だけではなく男性にも生じる。すなわち共同責任となる。「売春自由論」をとるならば、再生産責任帰属について「女性の自己責任」と「共同責任」という二つの考え方が生まれてしまうことになる。したがって性的自己決定権派が「性交における再生産のリスクは女性の自己責任」と主張するならば、彼らは民法の「共同養育責任」の規定を改正することをも目指さなければならないはずである。なぜなら民法のこの規定は、「女性の自己責任」であるはずの再生産責任を、男性にも押しつけているからであり、男性は「自己のことでもないことに責任が割り当てられる」ことになるからである。逆に「共同責任」という考え方をとるならば、買春男性だけがなぜ再生産責任を免れうるのか説明がつかなくなる。すなわち性的自己決定権派は、どこまでが「自己」かということについて、恣意的な線引きを行っている(7)のであり、買春者のこの恣意的な「自己定義」が、「一方で婚姻制度という『共同責任制度』を維持したまま、買春者だけが『そこから逸脱する自由』を主張する」という矛盾した主張を成立させているのである。「自己決定自己責任」という主張の「自己」の解釈に、すでに暗黙にジェンダーが忍び込んでいるのであり、すなわちそれは買春男性の「自己決定自己無責任」を正当化することにすぎないのだ。

そうした売春自由論や性的自己決定権の主張が、正統性を持つはずがないと、永田氏は言う。

リバータリアンは、「国家が介入さえしなければ個人の自己決定が可能となる社会を形成できる」と主張する。こうした主張が前提としていることは、暴力と盗み以外は他者危害はなく、したがってそれ以外の行為の帰結はそれを行った本人のみにはね返るということである。国家のみが「回復不能な損害」を引き起しうるのであり、個人の行為は社会全体にも第三者にも影響を及ぼさない。だから、社会は、「集団合理性」も「社会的利益」も考慮する必要がなくただ「権利という名の個人的利益を守っていれば」事足りるという主張を彼らは行うのである(⑧)。しかし、これが成立しえないことを見てきた。暴力と盗み以外にも危害とみなしうる行為はあるし、行為の帰結は本人だけにふりかかるわけでもない。行為の影響は社会全体にも第三者にも及ぶから、本人が責任を「負いきれる」保証もない。すなわち、リバータリアニズムのユートピアは存在しない。したがって、リバータリアニズムの主張は、都合のよい時だけリバータリアニズムを使用する「アドホック・リバータリアニズム」になりがちである。これまでフェミニズムは「個人的なことは政治的」という主張を行ってきたが、それはリバータリアニズムが「根拠なく性と生殖を特殊『私的自治』の分野に置いてきた」からこそそう言わざるを得なかったからであることは明らかだ。その構図は現在も変わっていないと、永田氏は結論する。

永田氏はこの論文において、「売買春自由論」を含む「性的自己決定権擁護論」を、論敵として設定する。永田氏は、この論敵を、主として「他者危害原則」と「最小国家論」からなるリバータリアニズムとして定義する。永田氏がリバータリアニズムと規定する立場は、本書の各章の論者がリベラリズムとして論じている立場と、大枠において一致していると言ってよいだろう。確かにリベラリズムの中には社会的公正の確立に焦点を当てる立場等、多様な立場がある。しかし永田氏が言うように、「現在の日本において自由が語られる時」、特にフェミニズムとの関わりでリベラリズムが語られる場合には、「その背後にあるのはリバータリアニズム」であることが多いのだ。

永田氏はこの論文において、リバータリアニズムという論敵に立ち向かうために、フェミニズムなどの立場からの価値前提に基くのではなく、リバータリアニズムの論理的破綻を示すという方法をとる。そのため永田氏がフェミニズムに対してどのような立場にたっているのかということは、わかりにくくなっている。このことに関しては、次に私見を示すことにしたい。

論敵破綻を示すために永田氏がとる論法は、次の二つである。一つは、既存の多くの社会制度が前提とする価値前提と、「性的自己決定権擁護派」のリバータリアンが前提としている価値前提が、一致しないことを示す論法。もう一つは、リバータリアニズムの「他者危害原則」と「最小国家論」などの論点の相互矛盾を指摘したり、「何を私的自治の領域と見なすのか」「何が危害なのか」「自己とは何か」などの基準が曖昧であることを示すことで、リバータリアニズムの論理的不整合を指摘することである。この二つの論法を駆使して永田氏は、リバータリアニズムに基く「性的自己決定権擁護論」が、その価値前提であるところの「自由絶対主義」に反する「売春禁止法」以外の既存の諸制度（労働基準法・累進課税・民法など）については容認していたり、「私的自治の領域」や「危害と見なす範囲」を恣意的に設定したりするなど、「都合のよいところだけリバータリアニズムを使用する」アドホック・リバータリアニズムであるにすぎないことを示すのだ。このような永田氏の論述は見事であり、読む者の知的興奮を誘う。しかし、こうした論術のしかたにつきもののことではあるが、永田氏自身がいかなる立場にたってリバータリアニズムの論理破綻を示しているのかは、なかなか分かりにくい。確かに永田氏は、リバータリアニズムを批判することで、暗黙に自らの立場を提示している。「リバータリアニズムは、実際には、自らが主張するような『善を押しつけることなく正義を論じる』思想ではなく、暗黙に強者の価値観を押しつける思想になってしまっている。また『国家の中立性』や「最小国家論」ではなく、「国家の私的領域への恣意的な介入』を是認したり、「きわめて大きな国家の必要性」を是認する思想となってしまっている。」このような指摘を行う以上、永田氏が、何らかの「集団合理性や社会的利益」についての判断に基いて個人の行為に一定の制限をかけることを認める立場に立っていることは、明らかである。この方向は、永田氏がこれまで発表してきた著作の立場とも一致している。しかし問題は、この「集団合理性や社会的利益」とは何なのかということにある。

確かに、「性と生殖」に関するリバータリアニズムの主張に関する限り、永田氏はフェミニズムの立場の方に一定の「集団合理性や社会的利益」があることを認めているように見える。たとえば永田氏は、フェミニズムとリベラリズムの関係という本書の主題に対して、次のような結論を提示する。すなわち、フェミニズムとリバータリアニズムの相違は、「性と生殖」を「私的自治」の分野に置くかどうかという点にある。リバータリアニズムは、「暴力と盗み以外の個人の行為は社会全体にも第三者にも回復不能な損害を引き起こさない」という前提のもとで、「性と生殖」を根拠なく「私的自治」の分野においてきた。しかし「性と生殖」は、子どもという第三者の権利にも関わりを持つことは自明である。したがってリバータリアニズムが「性と生殖」を「私的自治の分野」に置くことは、根拠がない。だからこそ、フェミニズムは「個人的なことは政治的」という主張を行わざるをえなかったのだ。そうであればフェミニズムの最大の論敵は、最初からリバータリニズムであったはずである。したがって、リバータリアニズムの主張が時にいかに「革新的かつ斬新」に見えようと、それがフェミニズムと重なりあうはずはないのだと。

しかし、まさにこのような論述の中に、永田氏にとってのフェミニズムとは、基本的に「集団合理性や社会的利益」「社会的公正」などによって正当化されるそれであることが、提示されているのではなかろうか。永田氏は、そうした価値前提が社会的に共有しうるという立場、すなわち広義の意味でのリベラリズムの立場に立っているのであり、だからこそ論敵を、リベラリズムとは区別されるところのリバータリアニズムに限定したのではなかろうか。そうであるとするならば、フェミニズムに対するこのような認識は妥当なのかという問いを立てることも可能であるし、この立場そのものが成り立ちうるのかという問いを立てることもできるだろう。ここではこの問題にこれ以上立ち入らないが、こうした議論のしかたがありうることは、指摘しておきたい。

永田氏自身の立場に対する問いはさておくとして、先述した永田氏の結論は、フェミニズムとリベラリズムの関連性という問題に対して、重要な意義を持つ。永田氏は、「自由主義の内実は、原理的な部分よりもむしろ、何が危害であるかの解釈に依存している」と、言う。たとえば、永田氏は、フェミニズムとリバータリアニズムの相違を、「性と生殖」を「私的自治の分野」に置くかどうかという点に求める（この点に関しては、岡野氏の議論と重なる部分を持っている）。しかし同時に永田氏は、両者のそのような相違を生み出すものが、この「危害解釈」をめぐる認識の相違にあるということをも示唆するのである。そうだとすれば、フェミニズムとリベラリズムの相違点も、原理的な問題にあるというよりも、むしろこうした具体的な論点、すなわち「何を他者危害として考えるか」といった論点にこそあると考えることもできるだろう。すなわち、具体的な「危害解釈」をめぐる論点の相違は、些細な相違なのではなく、そこにこそ思想の決定的な対立が宿りうるような重要な論点であるかもしれないのである。

この問題が、前節において私が瀬地山氏に対して提起した問題と関連性を持っていることは、明らかである。瀬地山氏は、「リベラルな社会がなすべきこと」は、「異なる性に対する考え方の併存を許容することであるはずだ」という立場から、内容に基いてポルノグラフィを規制することはできないと主張する。しかしリベラリズムの立場からも、他者を危害する行為については規制するべきだということになるはずである。したがって瀬地山氏が「性に対する意味づけは自由であるべきだ」と主張するのは、いかなる意味づけを性に与えようとも、そうした意味づけ自体は他者を危害しないという前提を置いているからであると言うことができよう。私自身が提起したのは、果たしてその前提は妥当なのだろうか、という問いであった。

永田氏は、リバータリアニズムの「危害解釈」は恣意的であり「危害解釈」には多様なものがありうると主張する。この主張は、先述した私の瀬地山氏に問いに対する論拠となる主張であると、位置づけることができるだろう。すなわち、この永田氏の主張を使うならば、私の問いは次のように言い換えることができる。「性の意味づけは自由であるべきだ」という瀬地山氏の主張は、（永田氏がリバータリアニズムに見出したような）「暴力と盗み以外の他者危害は存在しない」「行為の帰結は良かれ悪かれ、それを行った本人にのみはねかえる」という、特定の「危害解釈」を前提としてはいないか、果たしてその「危害解釈」は妥当かという問いである。そういう前提をおくからこそ、瀬地山氏は「性に対していかなる意味づけを行ったとしても、それは本人のみに影響があることであるのだから、規制する必要はない」という判断をするのではないか。他者危害には、暴力や盗み以外の多様な危害が含まれることは自明である。あるいは、本人の「性に対する意味付け」は性行為を含む社会的行為に全く影響を与えないし、性行為などの社会的行為の帰結は本人のみにはねかえり他者に全く影響を与えないと言い得るのならば、こうした前提は成立するかもしれない。しかしそう考えるのはあまりにも無理がある。そうだとすれば瀬地山氏が、「性に対する意味づけは他者を危害しない」ことを確信しうるのは、永田氏が指摘するような「危害の対象を暗黙に男性に限定しており、生殖にまつわる身体のリスクや損害、社会的意味づけなどをほとんど無視してきた」

ジェンダー・ブラインドな「危害解釈」があるからではないかと。

すなわち問題は、リベラリズムあるいはリバータリアニズムが、「ジェンダー・フリー」であるかのように措く規則が、「一見普遍的だが不公正な規則」（永田）であるかもしれないという点にあるのだ。私が指摘したのは、ポルノグラフィの現状を前提として、「いかなる性の意味づけも個人の自由だからその内容に対する規制はするべきではない」という規則をおくことが、こうした「一見普遍的だが不公正な規則」をおくことに当たらないかということであった。「すべての個人は性の意味づけを自由に行うことができるのだから、内容によってポルノグラフィを規制することはできない」という主張は、確かに一見、「ジェンダー」に囚われない普遍的な立場に立つ主張であるように思える。しかし、異性愛者男性向けのポルノグラフィが氾濫している現状から考えれば、ポルノグラフィの内容に影響を受けた男性の行為によって危害される可能性が高いのは、男性ではなく女性であるということになる。瀬地山氏が「性に対する意味づけは他者を危害しない」と確信しうるのは、暗黙にこのことを前提としているのではなかろうか。だとすれば、「内容を規制してはならない」という規則は、女性だけに生じ得るリスクがあることを無視しているという点において、「不公正な規則」であると考えることもできるのではないか。少なくとも、こうした視点からの検討を行う余地は十分ある。

むろん、これは永田氏の論点ではない。永田氏が問題にするのは、「性交の帰結は〈本人〉が負う」という規則の、不公正さである。「性的自己決定権擁護派」は、「自己決定自己責任」を主張する。この「自己決定自己責任」論に基けば、「性交の帰結は〈本人〉が負う」のが当然ということになる。この規則は、ジェンダーに囚われない普遍的な規則であるように思える。しかし妊娠しうるのは女性だけである。このことから考えれば、この「普遍的な規則は事実上、再生産責任をすべて女性に帰属し、男性が免れうることを意味する」のであり、よって「不公正な規則」であると言いうるのだ。そうだとすれば、「性的自己決定権擁護派」が当然の前提とおいている「性と生殖の分離」という「性に対する意味づけ」自体が、男性の身体条件を前提とした「不公正な意味づけ」ということもできるかもしれない。確かに「性と生殖の分離」という「性に対する意味づけ」は、「生殖に結びつかない性の存在を認める」という意味で、「性の解放」の主張の重要な要素となってきた。しかし同時にそれは、男性の再生産責任を覆い隠す役割も果たしてきたのであり、その観点から、見直されてもよいのである。

むろん、ここでこのような考察を行った意図は、それぞれの問題について結論を出すことにあるのではない。このような例を出すことで指摘したかったことは、あくまで先述したこと、すなわちリベラリズムやリバータリアニズムが「普遍的な規則」「当然の前提」と措くこと自体の中に、「すでにジェンダーは忍び込んでいる」可能性があるということである。ここにこそ、フェミニズムとリベラリズムの関係を解く鍵がある。以下では、この点に即して、各論者の論点を整理してみることにしたい。

7　まとめ

最後に、「フェミニズムとリベラリズムの関係」という主題に即して、これまで考察してきたことを整理してみよう。実のところ、この問いに対して一義的な解答を与えることは困難である。なぜなら、フェミニズムもリベラリズムも多様な立場があるからであり、それらをいかなるものとして把握するかによって、解答が異なってくるからである。したがって以下においては、各論者が、フェミニズムとリベラリズムをそれぞれどのように把握しているか、そしてその関係をどのように把握しているかをまとめ、、それを相互に比較することで、この問いに対する解答に換えたいと思う。

岡野氏は、この問いに対して比較的明確な解答を与えている。岡野氏にとって、リベラリズムの核心的な主張とは、「経験的社会に先立ち、ひとは何よりも自由である〈べき〉だ」と主張することにこそある。この主張こそが、「公私分離」や「国家の私的領域への不介入」「公的領域における公正さの確保」「機会の平等」などの、リベラリズムの思想的構成素の根底にあるものなのである。フェミニズムは、このリベラリズムの「経験的社会に先立ち、ひとは何よりも自由である〈べき〉だ」という主張を共有する。フェミニズムとリベラリズムが異なってくるとすれば、それは、現実世界の中で「ひとは自由である〈べき〉だ」ということを実現するためには何が必要なのかを構想する時、生まれてくる。すなわちフェミニズムは、リベラリズムが「自然的所与」として政治的介入の必要性を認めないところの、「身体の外的・内的条件」をも政治的介入の対象とすることを主張するのだ。いかなる「身体の外的・内的条件」にあったとしても、「それでもなお、ひとは自由である〈べき〉だ」という主張を行うことこそ、フェミニズムなのである。

塩川氏は、直接的にはリベラリズムに言及していない。しかしフェミニズムに対しては、「集団単位の思考」という規定性を与えている。したがってここでは、(塩川氏自身はこの言葉を使用してはいないけれども「集団単位の思考」に暗黙に対比されているところの)「個人単位の思考」と「集団単位の思考」の関わりを、リベラリズムとフェミニズムの関わりとして、把握しておくことにしよう。塩川氏にとって「集団単位の思考」は、「団結というものをとりわけ必要としている」被抑圧者の側にとっては、不可避なものである。「集団カテゴリー」を否定する「個人単位の思考」は実際には強者の論理にすぎないことが多い。しかし同時に、「集団単位の思考」は内部の異質性を無視したり異論を封殺するなどの矛盾をはらむだけでなく、その集団の外にいる人々との対抗関係を生み出すことにつながる。格差を是正し差別克服をめざすための「集団単位の思考」が、かえって逆の効果を持つ場合もあるのだ。この塩川氏の考察からすれば、フェミニズムとは何よりもまず、性別カテゴリーを使用し女性が集団として「団結」し格差是正や差別克服をめざすための思想ということになる。「個人単位の思考」であるリベラリズムは、社会的に強い立場にある者のバイアスを含んでおり、したがってフェミニズムの、性別という「集団カテゴリー」に基く思考を否定する対抗思想として位置づく。けれども、同時にリベラリズムは、「集団単位の思考」が持つ危険性を是正する位置にもある。ここからすれば、塩川氏は、フェミニズムとリベラリズムの関係を、対抗関係にあるが同時に相互にその批判には十分注意を払うべき関係であると、位置づけていると言いうるだろう。

岩瀬氏にとって、リベラリズムとは、市民法学の流れに根差す「事物に対する権利」と「事物における権利」を定める「法の下での平等」を主張する思想である。そこでは、『徳』に基いて、産業の発達それ自体社会と人々に自由をもたらす」ことが前提とされた。そこではひとは、「公共善」に献身する「徳」を持つ存在であることよりも、「商業の法」に従うことこそを、求められたのである。他方フェミニズムは、これとは異なるシヴィック・ヒューマニズムの流れに根差す思想であり、当時成立していた男性と女性の「徳」の二重基準を廃し、女性が「自分と世界を改革することができるよう」、理性と「公共善」に貢献する「徳」を身につけることをめざしたウルストンクラフトに源流を持っている。そこでは、「法の下の平等」ではなく、「女性が女性自身をコントロールすることにより社会をコントロールする自由を得る」ことこそが求められていたのだ。この岩瀬氏の考察に基けば、フェミニズムはその源流においてすでに「法の下での平等」を主張するリベラリズムの限界を認識し、その「法」そのものをも改変するような「社会をコントロールする自由」を求める思想であったことになる。フェミニズムはリベラリズムとは異なる伝統の中に成立した、「リベラルな社会」の限界を見据える思想なのだ。

瀬地山氏は、フェミニズムに対して明確な定義を与えていない。しかし、「性の商品化」批判のパターンとしては、「性の商品化の内容やその持つメッセージが性差別的である」という認識を持つ批判として「性差別批判」があると指摘する。リベラリズムに対しては、「『良き善の特殊構想』から『基底的正義』へと合意の基盤を移す」ことこそを核とする思想、「内容に基く批判から、ある種の手続き的な合法・違法の区別へとポイントを移動させる」思想という定義を与えている。このリベラリズムの立場から見ると、フェミニズムの「性差別批判」は、「良き善の特殊構想」に立脚する限り、他者の性に対してある種の抑圧的な効果を持つという。フェミニズムのセックス・ワーク批判も、「ある種のパターナリズム」をはらんでいる。このように瀬地山氏にとって、リベラリズムは、フェミニズムの抑圧的効果やパターナリズムを批判的に考察し、その主張の中の「なしうることとなしえないこと」を区別しうる論拠を与えてくれる思想である。「リベラルな社会」においては当然にも、フェミニズムの「性の商品化批判」も尊重されるべきである。しかし「リベラルな社会を前提とすれば」当然にも、フェミニズムはリベラリズムによってその主張の是非をチェックされなければならないのだ。

永田氏が問題にするのは、「自由であるための条件」に焦点を当てるリベラリズムではなく「自由絶対主義」であるところのリバータリアニズムである。リバータリアニズムは、実際の主張においては、恣意的な基準を使用したり論理破綻を起こすなど、一貫性を欠いたアドホック・リバータリアニズムであることが多い。「売春自由論」を含む「性的自己決定権」を擁護するリバータリアンの主張は、ジェンダー・ブラインドな価値前提を暗黙におくなど、「善を押しつけてはならない」という自らの価値前提自体に矛盾した主張になってしまっている。フェミニズムは、この暗黙のジェンダー・ブラインドな価値前提を批判し、社会的公正を実現することを求める思想である。したがって永田氏は、フェミニズムはリバータリアニズムとは「相容れない」と主張するが、「自由であるための条件」に焦点を当てるリベラリズムとは、重なりあう側面があることを示唆している。

これらの論者の議論をまとめてみることにしよう。まず第一に、すべての論者は、リベラリズム(永田氏の場合はリバータリアニズム)とフェミニズムに、相容れない側面があることを見出している。それは以下の二つにまとめられよう。①リベラリズムが性差別を温存し現状維持に荷担する論理を持っていること。②リベラリズムがフェミニズムの抑圧的効果を抑制しうる論理を持っていること。

①をみてみよう。岡野氏は最も明確にこの側面を指摘する。塩川氏も「個人単位の思考」は強者の立場というバイアスをはらむという指摘を行っている。岩瀬氏は「法の下の平等」を主張するリベラリズムに基く女性解放論の限界を指摘する。永田氏は、リバータリアニズムに基く「性的自己決定権擁護派」の主張は、「不公正な規則」を正当化するという。②に関していえば、塩川氏は「集団単位の思考」が個人の多様性を無視する危険性を持っており、こうした「集団単位の思考」が内部からだけでなく外部からもチェックされなければならないという。また瀬地山氏は、フェミ

ニズムの「性の商品化」に対する批判の中には他者の性を抑圧する効果やパターナリズムが含まれており、規制を考える上ではこうした抑圧的効果やパターナリズムはリベラリズムによってチェックされなければならないという。おそらくこの二つの側面は裏返しにすぎないと思われる。すなわちリベラリズムの中に現状維持に荷担する側面があるからこそ、それはフェミニズムの「行き過ぎ」に歯止めをかけうるものとして肯定的に評価される。

第二に、何人かの論者はフェミニズムとリベラリズムの中に、重なり合う側面があることを見出している。岡野氏にとって、リベラリズムは、その根底において、フェミニズムが共有しうる社会批判力を持つ思想である。瀬地山氏にとってリベラリズムは、「現状よりも少しでも良い方向に改善する」ことをめざすという意味で、フェミニズムと一致しうる可能性を持つ思想である。永田氏にとって、「自由であるための条件」として「社会的公正」の実現を求めるようなリベラリズムは、フェミニズムと一致している。こうした議論を行うに際して何人かの論者は、社会構築主義あるいはポストモダンの立場をフェミニズムとリベラリズムのそれぞれの前提をつきくずす論理として使用している。たとえば岡野氏は「身体」こそ「社会化」されていると示唆し、リベラリズムが前提とする社会／自然の区別をつきくずそうとする。また塩川氏はフェミニズムにおける「女性」カテゴリーの使用は「本質主義」につらなることを示唆する。瀬地山氏も同様に、性について特定の意味づけを行うことは「本質義」だと批判する。

本章に私は、「価値中立性と暗黙の価値前提をめぐる闘争」というタイトルをつけた。近代フェミニズムは、近代市民革命期の思想に淵源を持つという意味で、リベラリズムと同根を持っている。しかし実際の市民革命後の社会においては、この二つの思想は全く異なる道を歩んだ。リベラリズムは体制を擁護する正統思想となっていたのに対し、フェミニズムは市民権を与えられなかった女性たちの解放を求める思想として生きつづけた。婦人参政権成立後の社会において、フェミニズムは、既存の「法の下での平等」だけでは実現しえない問題に直面した。この時フェミニズムにとってリベラリズムは、見かけの「価値中立性」の装いの下に、ジェンダー・バイアスを持つ「暗黙の価値前提」を強要する思想として、立ち現れることになった。

もしリベラリズムが、「身体の外的・内的条件」(岡野)の多様性をも考慮し、「自由であるための条件」としての「社会的公正」の確立(永田)をめざす思想であるならば、リベラリズム自身の価値前提からして、このジェンダー・バイアスを含んだ「暗黙の価値前提」は、見なおされていくだろう。その時リベラリズムは、まさにフェミニズムと重なり合う側面を持つことになる。逆にもしフェミニズムが、単に「女性の主張」であることに居直る(「女性の主張」とは多くの場合、単に発言力を持つ女性の主張にすぎないのだから)のではなく、「社会的公正」の確立をこそめざす思想になりえたならば、その時フェミニズムは、まさにリベラリズムと重なり合う側面を持つことになるだろう。しかし、「社会/自然」の区別や「女性とは何か」という共通の定義や「性の意味づけ」の共有が「本質義」を導くとするならば、何が「社会的公正」であるのかということをはたして確立しうるのであろうかという問いも浮上するだろう。いずれにせよ、その時まで、「価値中立性」の中に隠された男性中心主義的なバイアスを含んだ「暗黙の価値前提」を批判するフェミニズムと、そのフェミニズム自体「特定の価値前提」に立つものと批判するリベラリズムとの闘いは、続いていくに違いない。

執筆者紹介

江原由美子（えはら　ゆみこ）

1952年生まれ／1979年東京大学大学院社会学研究科博士課程中退

現　在　東京都立大学人文学部教授／社会学・女性学専攻

主　著　『生活世界の社会学』（1985，勁草書房），『女性のデータブック第3版』（1991，有斐閣），『フェミニズムのパラドックス』（2000，勁草書房），『ジェンダー秩序』（2001，勁草書房）ほか

岡野八代（おかの　やよ）

1967年生まれ／1999年大阪市立大学大学院法学研究科博士課程単位取得退学

現　在　立命館大学法学部助教授／政治思想史・現代政治理論専攻

主論文　「分断する法／介入する政治」（大越・志水編『ジェンダー化する哲学』1999，昭和堂），「主体なきフェミニズムは可能か」（『現代思想』2000年，12月号）ほか

塩川伸明（しおかわ　のぶあき）

1948年生まれ／1979年東京大学大学院社会学研究科国際関係論専攻博士課程単位取得退学

現　在　東京大学大学院法学政治学研究科・法学部教授／ロシア史，比較政治など専攻

主　著　『ソヴェト社会政策史研究』（1991，東京大学出版会），『終焉の中のソ連史』（1993，朝日新聞社），『社会主義とは何だったか』（1994，勁草書房），『ソ連とは何だったか』（1994，勁草書房），『現存した社会主義』（1999，勁草書房）ほか

岩瀬民可子（いわせ　みかこ）

1964年生まれ／1999年東京都立大学大学院社会科学研究科社会学専攻修士課程修了

現　在　東京都立大学大学院社会科学研究科社会学専攻博士課程在学中

主論文　「「政治的なもの」としての「女」の擁護――18世紀末～1860年代のイギリス女性解放思想とリベラリズム思想との関係――」（修士論文，未発表）

瀬地山角（せちやま　かく）

1963年生まれ／1993年東京大学大学院博士課程修了

現　在　東京大学大学院総合文化研究科助教授／ジェンダー論・東アジア研究専攻

主　著　『東アジアの家父長制』（1996，勁草書房），『フェミニズム・コレクション』ⅠⅡⅢ（共編，1993，勁草書房）ほか

永田えり子（ながた　えりこ）
1958年生まれ／1986年慶應義塾大学大学院社会学部研究科博士課程単位取得退学
現　在　滋賀大学経済学部教授／社会学専攻
主　著　『道徳派フェミニスト宣言』（1997，勁草書房），A. セン『集合的選択と社会的厚生』（共訳，2000，勁草書房）ほか

索　　引

タ　行

ナ　行

参考文献（著者名の abc 順）

青木やよひ　1986　『フェミニズムとエコロジー』新評論
足立　倫行　1995　『アダルトな人々』講談社文庫
赤川　　学　1998　『セクシュアリティの歴史社会学』勁草書房
有賀誠他編　2000　『ポスト・リベラリズム』ナカニシヤ出版
浅野　千恵　1999　「ネオ・リベラリズムと性暴力」『現代思想』1月号
Barry, Noman P. 1986 *On Classical Libralism and Libertarianism,* Macmillan＝足立幸男（監訳）1990　『自由の正当性』木鐸社
Blackburn, Helen 1902 *Women's Suffrage: A Record of Women's Suffrage Movement in the British Isles,* Williams & Norgate,（reprinted in 1995, Routledge ／ Thoemmes Press & Kinokuniya, Company Ltd.
Butler, Judith 1990 *Gender Trouble: Feminism and The Subversion of Identity* NY, London: Routledge 竹村和子訳『ジェンダー・トラブル――フェミニズムとアイデンティティの攪乱』青土社、1999年
Conell, Drucilla 1998 *At the Heart of Freedom: Feminism, Sex, & Equality,* Princeton, New Jersey: Princeton University Press＝2001　仲正他訳『自由のハートで』情況出版
男性と買春を考える会　1997　『買春に対する男性意識調査』アジア女性資料センター
Dickenson, Donna　1997 *Property, Women & Politics,* New Jersey: Rutgers University Press
Donovan, Josephine 1985 *Feminist Theory: The Intellectual Trandition of American Feminism,* Frederick Unger Publishing Co. Inc.＝1987　小池和子（訳）『フェミニストの理論』勁草書房

Dworkin, Ronald 1977 *Taking Rights Seriously,* Cambridge, Mass: Harverd University Press

――――― 1985 *A Matter of Principle,* Cambridge, Mass: Harvard University Press

江原由美子 1991 『ラディカル・フェミニズム再興』勁草書房

――――― 1999 「『自己決定』をめぐるジレンマについて」『現代思想』1月号→江原［2000］

――――― 2000 『フェミニズムのパラドックス』勁草書房

――――― 2001 『ジェンダー秩序』勁草書房

Eisenstein, Zillah R. 1993 *The Radical Future of Liberal Feminim,* Northeastern University Press

遠藤浩他編 2000 『民法（8）親族［第4版増補版］』有斐閣選書

Ferguson, Moira 1996 'Mary Wollstonecraft and the Problematic of Slavery in Falco, Maria J. (ed.) *Feminist Interpretations of Mary Wollstonecraft,* The Pennsylvania State University Press

Frazer, Elizabeth and Lacey, Nicola 1993 *The Politics of Community: A Feminist Critique of Liberal-Communitarian Debate,* Toronto, Buffalo: University of Toronto Press

Gatens, Moira 1991 '"The Oppressed State of My Sex": Wollstonecraft on Reason, Feeling and Equality' in Shanley, Mary Lyndon and Pateman, Carole (eds.) *Feminist Interpretations and Political Theory,* The Pennsylvania State University Press

Godwin, William 1798 *Memoirs of the Author of Vindication of the Rights of Woman*＝1970 白井厚・堯子(訳)『メアリ・ウルストンクラフトの思い出』未来社

橋爪大三郎 1992「売春のどこがわるい」江原由美子（編）『フェミニズムの主張』勁草書房

長谷川 晃 1990 『権利・価値・共同体』弘文堂

林 千代 1990 「性の商品化について」『性の商品化に関する研究』東京生活文化局

細谷　　実　1997　「リベラル・フェミニズム」江原由美子・金井淑子編『ワードマップ　フェミニズム』新曜社

Humm, Maggie 1995 *The Dictionary of feminist Theory,* Prentice Hall ／ Harvester Wheatsheaf＝1999　木本喜美子・高橋準（監訳）『フェミニズム理論辞典』明石書店

井上　達夫　1998　『他者への自由』創文社

――――　1999　「多文化主義の政治哲学」油井大三郎・遠藤泰生編『多文化主義のアメリカ――揺らぐナショナル・アイデンティティ』東京大学出版会

石田　　雄　1994　「一政治学者のみたジェンダー研究」『ライブラリ相関社会科学・2・ジェンダー』新世社

――――　1995　『社会科学再考』東京大学出版会

石山　文彦　1987　「『逆差別論争』と平等の概念」森際康友・桂木隆夫編『人間的秩序』木鐸社

岩田　昌征　1999　『ユーゴスラヴィア多民族戦争の情報像』御茶の水書房

Janes, R. M. 1978 'On the Reception of Mary Wollstonecraft's A Vindication of the Rights of Woman's in Poston (ed.) [1988]

小浜　逸郎　1999　『「弱者」とはだれか』PHP新書

Kymlicka, Will 1995 *Multicultural Citizenship : A Liberal Theory of Minority Rights,* Oxford University Press＝1998　角田・石山・山崎監訳『多文化時代の市民権』晃洋書房

Lim, Lin Lean ed. 1998 *The Sex Sector,* ILO : Geneva

Locke, John 1980 (1690) *Second Treatise of Government,* ed. by C. B. Macpherson, Indianapolis, Cambridge : Hackett Publishing Company, Inc. ＝1968　鵜飼信成訳『市民政府論』岩波文庫

マルクス、カール　1844（1974）　城塚登訳『ユダヤ人問題によせて』岩波文庫

松沢　呉一・スタジオポット編　2000　『売買春肯定宣言――売る売らないはワタシが決める』ポット出版

松沢　呉一編　2000 『ワタシが決めた』ポット出版
Mendus, Susan 1989 *Toleration and the Limits of Liberalism.* Macmillan = 1997　谷本・北尾・平石訳『寛容と自由主義の限界』ナカニシヤ出版
Mill, John Stuart 1869 *The Subjections of Women* in Robson, Ann P. & Robson, John M.(eds.) 1994 *Sexual Equality : Writings by John Stuart Mill,Harriet Taylor Mill, and Helen Taylor,* University of Tronto Press
――― 1859（1972）*On Liberty,* in ed. by H. B. Acton, *Utilitarianism* London : David Campbell Publishers =1971　塩尻・木村訳『自由論』岩波文庫
光田　督良　1999 「自己の出自を知る権利と子による摘出の否認」ドイツ憲法判例研究会（編）『ドイツの最新憲法判例』信山社
宮台　真司（編） 1998 『〈性の自己決定〉原論』紀伊國屋書店
宮地　尚子　1998 「孕ませる性と孕む性：避妊責任の実体化の可能性を探る」『現代文明学研究』第 1 号：19-29. http://wwwhs. cias. osakafu-u.au. jp/morioka/civil/0102. htm　短縮版：『インパクション』108号：144-151
水田　珠枝　1973 『女性解放思想の歩み』岩波新書
村上　淳一　1997 「罪咎・謝罪・責任」『UP』10月号
Murdoch, Iris 1961 "Against Dryness," *Encounter,* 16／1
永田えり子　1991 「行為の非人格性」『理論と方法』Vol.9
――― 1997 『道徳派フェミニスト宣言』勁草書房
――― 1998 「すべての親は公務員である」『子ども未来』子ども未来財団
Nagel, Thomas 1997 "Justice and Nature," *Oxford Journal of Legal Studies,* 17／2
中井 和夫　1998 『ウクライナ・ナショナリズム』東京大学出版会
Nozick Robert 1974 *Anarchy, State, and Utopia,* Basic Books Inc.= 嶋津格　1989 『アナーキー、国家、ユートピア』（上、下）木鐸社
沼崎　一郎　1997 「〈孕ませる性〉の自己責任――中絶・避妊から問う

男の性倫理」『インパクション』105号：89-96
小田　　亮　1996　「しなやかな野生の知――構造主義の非同一性の思考」『岩波講座・文化人類学』第12巻（思想化される周辺世界)、岩波書店
――――　1997　「発展段階論という物語――グローバル化の隠蔽とオリエンタリズム」『岩波講座・開発と文化』第3巻(反開発の思想）岩波書店
岡野　八代　1999　「分断する法／介入する政治」大越・志水編『ジェンダー化する哲学』昭和堂
奥平康宏・環昌一・吉行淳之介　1986　『性表現の自由』有斐閣
大沼　保昭　1987　『東京裁判から戦後責任の思想へ』東信堂、増補版
――――　1998　『人権・国家・文明』筑摩書房
大澤　真幸　1996　「〈自由な社会〉への条件と課題」井上・上野・大澤・見田・吉見編『社会構想の社会学』岩波書店
尾近　裕幸　2000　「経済的リバタリアニズム」有賀誠・伊藤恭彦・松井暁（編)『ポスト・リベラリズム』ナカニシヤ出版
大塚　和夫　1998　「女子割礼および／または女性性器切除（FGM)――一人類学者の所感」江原由美子編『性・暴力・ネーション』勁草書房
Pateman, Carole 1989 *The Disorder of Woman,* Polity Press
Pennell, Erizabeth Robins 1892 'Prefatory Note' in *A Vindication of the Rights of Woman.By Mary Wollstonecraft,* Walter Scott
Phillips, Ane 1999 *Which Equalities Matter?* Oxford : Polity Press
Pocock, John G.A. 1983 'Cambridge Paradigms and the Scotch Philosophers' in Hont, Istevan and Ignatieff, Michael (eds.) *Wealth and Virtue: The Shaping of the Political Economy in the Scotish Enlightenment,* Cambridge University Press＝1990　田中秀夫（訳）「ケンブリッジ・パラダイムとスコットランド人哲学者」水田洋・杉山忠平（監訳)『富と徳――スコットランド啓蒙における経済学の形成』未来社
――――　1985　*Virtue, Commerce, and History: Essays on Political*

Thought and History, Chiefly in the Eighteenth Century, Cambridge University Press＝1993 田中秀夫（訳）『徳・商業・歴史』みすず書房（部分訳）

Rawls, John 1971 *A Theory of Justice*, Harvard University Press ＝ 1979 矢崎鈞次訳『正義論』紀伊国屋書店

ルソー、ジャン＝ジャック 1762＝1954 桑原・前川訳『社会契約論』岩波文庫

Sandel, Michael （1982）＝1998, *Liberalism and the Limits of Justice*, 2nd ed. （Cambridge : Cambridge University Press). ＝1999 菊池理夫訳『自由主義と正義の限界〈第二版〉』三嶺書房

――― 1986 “Moral Argument and Liberal Toleration: Abortion and Homosexuality,” *California Law Review*, 77／1

Sapiro, Virginia 1992 *A Vindication of Political Virtue*, The University of Chicago Press

佐藤 悟志 2000 「社会の再生産責任を免除する、永田えり子の主張こそ不徳である」松沢呉一ほか編［2000］

Schneir, Miriam(ed.) 1994 *Feminism : The Essential Historical Writings*, Vintage Books

瀬地山 角 1992 「よりよい性の商品化に向けて」江原由美子編『フェミニズムの主張』勁草書房

――― 1994 「フェミニズムは女性のものか」庄司興吉・矢沢修次郎編『知とモダニティの社会学』東京大学出版会

――― 1997 「愛と性の二段階革命――恋愛と結婚の近代」大庭健ほか編『シリーズ 性を問う』第１巻 専修大学出版局

――― 1998 「性暴力へのアプローチ」『UP』98年10月号 東大出版会

――― 1999 「『女性問題』なんか問題じゃない」『世界』99年７月号

Sen, Amartya 1970, *Collective Choice and Social Welfare*, Holden-Day, Inc. ＝2000 志田基与師監訳『集合的選択と社会的

厚生』勁草書房
セン、アマルティア　1999　池本・野上・佐藤訳『不平等の再検討——潜在能力と自由』岩波書店
Shorter, Edward 1975 *The Making of the Modern Family,* New York : Basic Books＝1987　田中俊宏ほか訳『近代家族の形成』昭和堂
塩川　伸明　1998　「現代道徳論の冒険——永田えり子『道徳派フェミニスト宣言』をめぐって」『三田社会学』第3号
————　1999a　『現存した社会主義——リヴァイアサンの素顔』勁草書房
————　1999b　「帝国の民族政策の基本は同化か？」『ロシア史研究』第64号
————　1999c　「ソ連言語政策史再考」『スラヴ研究』第46号
————　1999d　「言語と政治」皆川修吾編『移行期のロシア政治』溪水社
白井　堯子　1980　「訳者解説」メアリ・ウルストンクラフト著、白井堯子訳『女性の権利の擁護』未来社
総務庁青少年対策本部編　1994　『世界の青年との比較からみた日本の青年——第五回世界青年意識調査報告書』
杉田　　敦　1998a　『権力の系譜学——フーコー以後の政治理論に向けて』岩波書店
————　1998b　「寛容と差異——政治的アイデンティティをめぐって」『新・哲学講義』第7巻（自由・権力・ユートピア）岩波書店
————　1999　「全体性・多元性・開放性」『二〇世紀の政治学（日本政治学会年報）』岩波書店
Swartzman, Lisa 1999 "Liberal Rights Theory and Social Inequality: A Feminist Critique," *Hypatia* 14／2 (Spring)
瀧川　裕英　1999　「個人自己責任の原則と集合的責任」井上達夫・嶋津格・松浦好治編『法の臨界』第Ⅲ巻　東京大学出版会
田中　秀夫　1998　『共和主義と啓蒙——思想史の視野から』ミネルヴァ書房
谷本光男・北尾宏之・平石隆敏（訳）　1997『寛容と自由主義の限界』ナ

カニシヤ出版
立岩　真也　1995「何が〈性の商品化〉に抵抗するのか」江原由美子編『性の商品化』勁草書房
―――――　1997『私的所有論』勁草書房
Tatlor, Charles 1991 *The Malaise of Modernity,* Anansi : Toronto
田崎　英明　1997「プロスティテュート・ムーブメントが問うもの」田崎英明（編）『売る身体／買う身体』青弓社
Thomson, Judith 1972 "A Defence of Abortion," *Philosophy & Public Affairs* 2 No.1, Princeton University Press＝1988 加藤尚武・飯田亘之（編）『バイオエシックスの基礎』東海大学出版会
辻村みよ子　2000『憲法』日本評論社
角田由紀子　1991『性の法律学』有斐閣選書
Tuttle, Lisa 1986 *Encyclopedia of Feminsm,* Longman＝1991 渡辺和子（監訳）『フェミニズム事典』明石書店
上野千鶴子　1986『女は世界を救えるか』勁草書房
―――――　1990『家父長制と資本制　マルクス主義フェミニズムの地平』岩波書店
―――――　1995「『オヤジ』になりたくないキミのためのメンズ・リブのすすめ」井上他編『日本のフェミニズム・別冊・男性学』岩波書店
―――――　1998a『ナショナリズムとジェンダー』青土社
―――――　1998b『発情装置』筑摩書房
Weeks, Jeffrey 1986 *Sexuarity,* Routledge, London＝1996 上野千鶴子監訳『セクシュアリティ』河出書房新社
Whelehan, Imelda 1995 *Modern Feminist Thought: From the Second Wave to 'Post- Feminism',* New York: New York University Press
Wollstonecraft, Mary 1790 *A Vindication of the Rights of Men* in Todd, Janet (ed.) 1993 *Mary Wollstonecraft ／ Political Writings,* William Pickaering
―――――　1792 *A Vindication of the Rights of Woman: with Strictures on Political and Moral Subjects,* Vol.1

(2nd ed.)＝1988 Poston, Carol H. (ed.) *A Vindication of the Rights of Woman,* W. W. Norton & Company

Woolf, Virginia 1932 'Mary Wollstonecraft' in Poston(ed.) [1988]

山川　菊栄　1918「母性保護と経済的独立――与謝野・平塚二氏の論争」＝1984　鈴木裕子（編）『山川菊栄女性解放論集』岩波書店

吉崎　祥司　1998『リベラリズム〈個の自由の岐路〉』青木書店

フェミニズムとリベラリズム　フェミニズムの主張5

2001年10月15日　第1版第1刷発行

編　者　江《え》原《はら》由《ゆ》美《み》子《こ》

発行者　井　村　寿　人

発行所　株式会社　勁《けい》草《そう》書　房

112-0005 東京都文京区水道2-1-1　振替 00150-2-175253
（編集）電話 03-3815-5277／FAX 03-3814-6968
（営業）電話 03-3814-6861／FAX 03-3814-6854
日本フィニッシュ・鈴木製本

ISBN　4-326-65256-X

http ://www.keisoshobo.co.jp

江原由美子編　フェミニズムの主張　四六判　二七〇〇円

江原由美子編　性の商品化　フェミニズムの主張2　四六判　三〇〇〇円

江原由美子編　生殖技術とジェンダー　フェミニズムの主張3　四六判　三六〇〇円

江原由美子編　性・暴力・ネーション　フェミニズムの主張4　四六判　三四〇〇円

江原由美子　ジェンダー秩序　四六判　三五〇〇円

江原由美子　フェミニズムのパラドックス　四六判　三〇〇〇円

江原由美子　装置としての性支配　四六判　二九〇〇円

江原由美子　生活世界の社会学　四六判　三二〇〇円

吉澤夏子　女であることの希望　四六判　二二〇〇円

瀬地山　角　東アジアの家父長制　四六判　三二〇〇円

永田えり子　道徳派フェミニスト宣言　四六判　三二〇〇円

加藤秀一　性現象論　四六判　三四〇〇円

塩川伸明　現存した社会主義　A5判　七五〇〇円

上野千鶴子編　構築主義とは何か　四六判　二八〇〇円

加藤秀一・坂本佳鶴恵・瀬地山　角　フェミニズム・コレクション全3巻　四六判　各三二〇〇円

＊表示価格は二〇〇一年一〇月現在。消費税は含まれておりません。